穿越「貧乏的痛苦」與「富足的煩惱」，
活出自己的樣貌！

理當幸福的我們，為何不快樂？

Why You Might Not
Find Happiness
in Modern Life?

陳俊欽——著

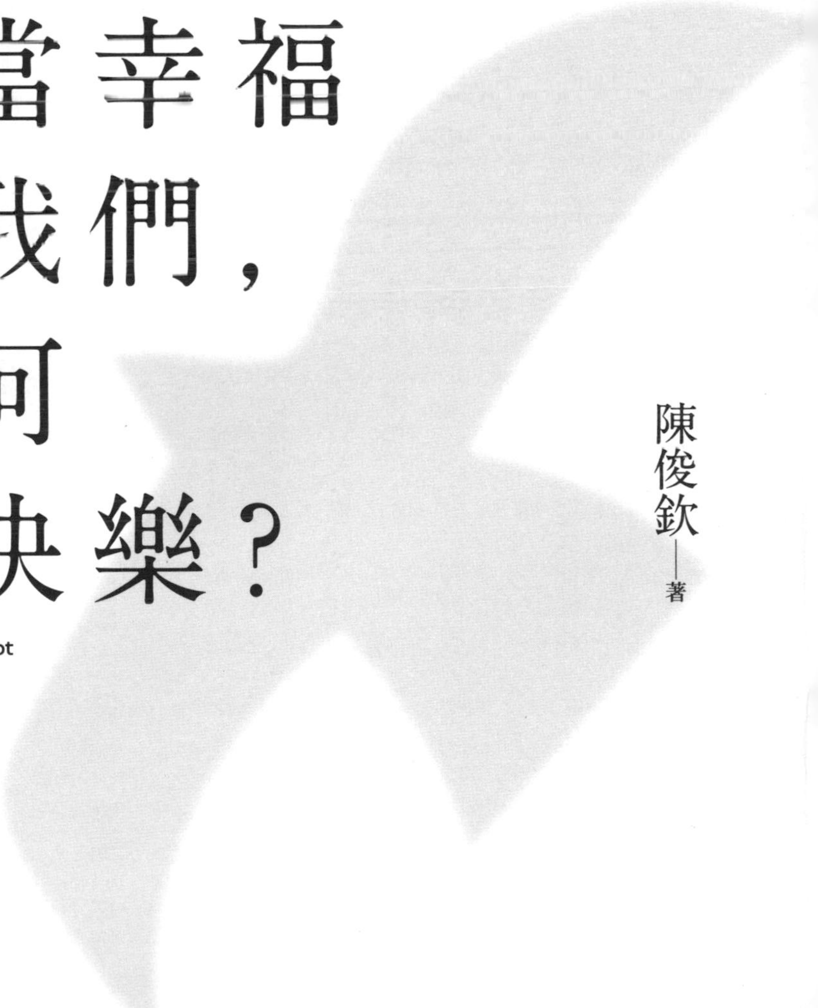

—推薦專序—

解密現代人矛盾的幸福

李家雯（海蒂）／諮商心理師

何謂「幸福」？幸福的判定，是主觀的還是客觀的？它是一個複雜且多層次的概念，其定義因人而異，但普遍而言，幸福被認爲是一種滿足、愉悅和內心平靜的狀態。如果幸福有一個測量的標準公式，我們或許可以說幸福是客觀的。然而，實際情況往往更加複雜。

小美在頂尖大學的研究所還沒畢業時，就已經得到內定，獲得進入竹科知名科技公司龍頭工作的機會，起薪是其他同齡人的三倍。同時，她擁有穩定的情感關係和支持她的家人。如果僅根據這些客觀標準，小美應該被認爲是幸福且快樂的，因爲她擁有社會普遍認同的幸福條件。然而，事實卻並非如此。小美長期受到焦慮症和憂鬱症的困擾，主觀上，她並未感受到幸福。

讓我們換個情境。小明是一位藝術家，他每天都沉浸在自己的畫作中，有極大的創作自由和成就感。然而，作畫無法滿足他的生活所需。爲了生活，他大部分時間都在跑外送，以勉強維持溫飽、購買創作用的材料，並支付房租。對於小明而言，他的幸福是來自對藝術的熱愛，但他深知自己的生活並不是同儕會羨慕或稱許的。

快樂與失望

如果一個人在生活中感覺不到快樂或幸福，可能是感受到了「失望」。失望是一種比較後的「落差感」：包含對「想像」的落差、與「旁人」的落差，以及與「過去」的落差。正如本書作者陳俊欽醫師所說：「求之不可得，是痛苦；得而復失，更是痛苦；若可得而終究未得，最是痛苦。」

隨著經濟條件的提升，現代人的生活品質大幅地改變了。然而，我們可以觀察到，經濟條件可以改善生活品質，卻不一定能夠改變人們的心理素質。特別是處於二十到四十歲之間，被稱爲三明治世代的人們。這群在台灣最富裕的時代出生，被認爲理應感受到自己具有更豐沛的資源而發光發熱的人，爲什麼依然不快樂？如同作者所說的：「在這個理當幸福的環境，卻出現更多煩惱的現象，不能簡單歸咎爲精神疾病。與其說精神疾病是起因，還不如說，是諸多原因加總起來的結果。」那麼，導致人不快樂的因素是什麼？

幸福的真相

卡羅爾・瑞夫（Carol Ryff）在一九八九年提出了這樣的觀點：幸福感的來源來自六種面向，即自我肯定接納、個人成長與前進、生命具有目標意義感、與他人的正向關係、自主感和調整力、以及環境掌控感。現代人經常感到迷惘，正是因爲這六個面向裡，有多個層面未能得到滿足。比方說，在快速變化的社會環境和高度競爭的職場中，人們更容易因爲相對剝奪感，而覺得自己沒有能力掌控所處的環境；社交媒體的普及加深了我們對自我價值的不確定性，也造成人與人之間的關係更爲不眞實或不穩定；過多的選擇，反而讓生命缺乏明確的目標和意義感，讓許多人更加迷茫和困惑。這些，也都是陳俊欽醫師在其多年豐富的臨床經驗中所觀察到的現代人之困境。

無論造成這個世代集體不快樂的原因是什麼，我們都應該開始正視這個現象：理當幸福的一代，其實未必如此，因爲這世上沒有人是「理當幸福的」。幸福，是自己努力的結果，而不是天上掉下來的。幸福也並非單純依賴外在的客觀條件，還有內心的主觀感受。眞正的幸福是主觀與客觀相結合，由內在滿足感與外在條件共同構成我們對幸福的完整體驗。

陳俊欽醫師在書中提到：「承認人性，面對人性，處理人性。在人性中看見自己，才是最務實的做法，也是追求快樂的不二法門。」或許人性，就是知道自己終其一生註定不完美且總會遇到種種限制，而這些限制帶來了苦痛與煩惱，也開啓了我們「面對限制」的契機。因爲限制，可能導致我們永遠無法達到完美，卻成就了每個人生命的完整性。

納入生命中必然之不快樂，那便是我們感受到幸福的關鍵。

—推薦語—

以全新的角度詮釋生命的意義

彭菊仙／作家

身爲大半輩子皆爲「生存」而活、而戰的X世代，我必須說，我輩的思維核心仍緊緊黏著於馬斯洛最低的一、二層次，也就是生理與安全需求，只要此部分滿足，即認定生命處在安穩完美的狀態，這導致我們對於下一代的生命期望實難跳脫此框架。

因此，我們不能理解，爲何在富裕、呵護、不虞匱乏中成長的新世代，卻有越來越高的比例陷入虛無、憂鬱、封閉，甚至甘於繭居、躺平、尋死？不少嬰兒潮世代以降的長輩嗤之以鼻。

原本也極度疑惑、焦慮的我，欣喜於陳俊欽院長以非批判的角度，從「人類演化歷程」來重新詮釋此現象，處理過無數類似個案的他認爲：人類終於集體來到一個必須面對「爲什麼我在這？我活著是爲了什麼」此生命最核心問題的時代，並且，大多數人都逃不開「深刻反芻不快樂」的經歷。

我非常推薦任何世代都來讀讀這本書，循著陳院長有脈絡地梳理全新時代所面臨的問題，包含：二戰以來最嚴重的貧富差距、房價物價快速飛漲、資本技術高度集中；和上一代的成就動機、生命期望大異其趣、相互對立；網路過曝所引發的過度比較、暗黑心理；此外，價値紛雜、訊息混亂、詐騙更是無所不在……

面對這樣的問題，尤其是二十至四十歲的少壯族，很顯然需要迥然不同的生命思維與全新方法。這本書充滿了優秀的解析模式與工具，我特別驚喜於陳院長所提出的「牛－貓－人」狀態三角之心法：每個人都可以讓自己同時擁有此三種特質，因應不同的環境與情勢，靈活調度與轉變，找到自己的平衡點。而嬰兒潮世代、X、Y世代更該閱讀此書，因爲，我們必須學習用全新的角度來理解新世代、詮釋生命的意義，否則，我們這一代對下一代的過度焦慮將更加難解。

CONTENTS

Chapter 1

痛苦與煩惱從何而來？

CONTENTS

Chapter 2 貧乏的痛苦

Chapter 3 富足的煩惱

CONTENTS

Chapter 4

超越痛苦與煩惱之道

Chapter / 5

面對不同狀態，也能活出自己的樣子

—前言—

理當幸福的環境，卻出現更多的煩惱？

「你啊，就是從小太好命，才會有這麼多煩惱！」

「生活過太爽，才會想這些有的沒有的，像我們以前什麼都沒有，全靠自己打拚，還不是一樣走過來了……」

「不要身在福中不知福，要懂得感恩惜福，不要每天只會唉聲嘆氣，嫌這個嫌那個！」

上述話語，在近幾十年來越來越常聽到，不管是你自己向別人這麼嘮叨，還是經常被他人如此轟炸，應該都對這樣的情境再熟悉不過了。

一位成功的職場女性說道：「我都不敢想像，我家那兩位養尊處優的公子哥，以後長大出社會該怎麼辦？說眞的，要是他們來我這邊上班，可能第一天就會被我罵到離職了——不，甚至根本就不會被錄用，連考慮都不會考慮！」

也有剛回國的年輕男性沮喪地說：「大家只會說我是靠爸族，卻沒有人想過我其實很努力。不管我做對多少事，所有的功勞都是因爲背景好、家世好、靠關係；而只要做錯一件事，那就一定是我抗壓性不夠、不願意吃苦、好高騖遠……」

事實上，我們很少見到永遠的指控者，同樣少見永遠的被批評者，更貼近事實的情況是——人們往往分飾二角——前一刻還高談闊論一些大道理，想安慰別人，試圖點醒對方，進而解決難題，甚至是勉勵與自我督促；一轉身，回到自己生活的難處，面對婆媳問題、夫妻關係、感情議題、兒女教養、職場應對、朋友相處時，立刻變成了那個滿腹委屈，在他人眼中「不知感恩、自尋苦惱」的人。

究竟是得到的愛不夠？獲得陪伴的時間太少？教養的方式不對？是出於生活的疏離，還是大環境的改變？或是有更深層的其他原因？讓這一代人處於理當幸福的環境，卻出現更多的煩惱？擺在眼前的事實是，從百廢待舉到經濟起飛，財富的累積似乎並沒有讓人更快樂，反而是憂鬱症與各種精神官能症橫行，自殺自傷、傷人、毒品藥物、酒精濫用不但沒有消失，還從原本高風險家庭逐漸向高學歷、高社經地位的中上階級蔓延，衍生爲另一種形式的文明病。

集體的不快樂從何而來？

精神疾病的盛行無法解釋這個集體不快樂的現象。在醫學上，診斷有三個等級。最高等級是「病因學診斷」：就好比 COVID-19，要判斷你確診，就得在你體內發現病毒的蹤影，沒有核酸檢驗，體溫再高、喉嚨再痛，都不足以做出診斷；第二等級是「病理學診斷」：就如同高血壓、糖尿病、癌症，雖然我們不知道是什麼原因造成這些病變，但身體的影響與傷害清楚呈現在眼前，無可爭議。最末一級才是「症狀學診斷」：我們透過統計學把相似症狀的患者歸爲一類，暫時給予一個病名，以便進行後續病因與病理的研究和臨床上的治療。而精神疾病幾乎都屬於症狀學診斷——醫師說你得了憂鬱症，不過是意味著你有一定量化程度的憂鬱症狀。到了一百年後醫學更加進步時，也許會再細分爲一百種憂鬱症，以便能對症下藥。但在今天，我們只能知道一百位憂鬱症患者，可能有一百種原因，需要一百種不同的對待方式。

因此，在這理當幸福的環境，卻出現更多煩惱的現象，我們不能簡單歸咎於精神疾病。與其說精神疾病是起因，還不如說是諸多原因加總起來的結果。同樣地，我們不能只是一味批評年輕人太過自由、性格軟弱、好逸惡勞、抗壓性太差等等，畢竟，大家都在追求一個更接近理想的生活，不但是為自己，也是為了下一代，倘若安適的生活會讓人性變得軟弱、遊手好閒，那從父執輩至今，每一代的含辛茹苦與努力不懈都錯了嗎？難道所有人應該早早躺平，從日據時代安逸到今日，教育程度沒有進步，經濟持續衰敗，導致生存環境仍舊貧困，好讓下一代可以「奮鬥向上」嗎？

我們難以擺脫人性的軟弱

一位成功的女性台商曾失意地告訴我：「我從小家境貧困，看著父母為了錢而爭吵，每天都夢想著若是中了彩券，他們是不是就不會再吵架了？後來我在九〇年代去了中國打拚，不要看那時候到處都是機會，你知道一個女生在那個地方要多難熬就有多難熬，多兇險就有多兇險，我都走過來了。一部分是我機警，一部分是我運氣好，當然幸好還有朋友幫忙。現在是發達了，但爸媽已經不在，於是我幫兄弟姊妹每個人都在台灣買了房子，結果大家竟然還是天天吵架，我給得越多，吵得越兇，說我偏心，說我被蒙蔽。親人要不是極力巴結我，就是輪流到我面前說其他人壞話，你知道我聽了心有多痛？回想到以前買彩券、夢想著發大財就能家和萬事興的那種憧憬，是多麼簡單，多麼不可得！」

在這看似無解的難題中，無意要批判任何人或任何行爲，也沒有要討論誰是誰非，我們更在意的是人人都得面對一個基本的事實——人性的軟弱——既恐懼又貪婪，永遠不會滿足。其實，世界上最公平的事，就是沒錢有沒錢的痛苦，富裕有富裕的煩惱，只要是人，在不快樂的立足點上都是平等的。

承認人性、面對人性、處理人性。在人性中看見自己，才是最務實的做法，也是追求快樂的不二法門。

本書奠基在存在主義。治療取向從人本主義到後現代主義——事實上，多數學派均略有採用，也會引入一些經濟學的基本概念。比較特別的是，我會擷取不少宗教與哲學的精髓，畢竟，人類數千年來是在周而復始的戰亂、饑荒與瘟疫中艱辛走來，「離苦得樂」與「救贖」一直是這片苦難大地上的重要訴求，也吸引無數大哲與宗教家在此耕耘，留下了精彩的智慧結晶。當然，書中不會有太過晦澀難懂的學術用語，而是讓大家可以輕鬆地理解其內容。

期待能幫助每個活在這個大環境中的人們，以理性的角度，看清楚痛苦與煩惱的本質，從「貧乏的痛苦」到「富足的煩惱」，瞭解「不快樂」這件事究竟是怎麼溜進你的生命當中，進而從心理、社會、宗教與哲學四個面向，瞭解從古至今人們曾經用過多少方式去克服這個問題。最後，我們將這些方式依據不同人格的特徵，形塑成多種適應之道，讓讀者能找到專屬於自己的途徑，找回曾經的笑容。

Chapter 1

這一代人的痛苦與煩惱從何而來？

全球化、網際網路發展、貧富差距擴大、
房價飆漲、少子化……
每個人眼前要面對的是
「貧乏的痛苦」與「富足的煩惱」。

痛苦與煩惱相生相隨，卻是不同的概念。

當我們說著「我好痛苦喔～」的時候，通常意味著讓你心傷的事情已經難以改變了，不管是成長時期留下的傷害，例如：被忽略的童年、殘缺的家庭、隔代的教養；還是在學校遭遇過的挫折，像是被同儕霸凌、被老師誤解、課業表現不如人；或是回憶人生過往留下的遺憾，比方說，斷然與深愛自己的前任分手、跟提拔自己的老闆拍桌走人、還沒準備好就必須面對新生命的到來、在股市崩盤前大舉買進；甚至是遭逢重大的健康危機、與重要之人的生離死別等等，縈繞腦際的獨白經常是：「唉，不曉得爲什麼會變成這樣，早知道就……」**這些無奈、懊悔，所牽動的都是某種被剝奪感、恐懼感、憤怒感與無力感，與之相連的情緒正是憂鬱。**

相反地，煩惱常跟焦慮的情緒一起出現，儘管在上述的情境裡都少不了它，但煩惱更是無孔不入，即使事情都還沒發生，或者還有機會挽回，但光憑想像，人們就可以煩惱到無處可逃。如果說痛苦是一種受創後的實質傷口，在漫長的歲月中隱隱作痛。那麼，煩惱就是人們爲了要逃避痛苦，而學習到的情緒，即便現在無風無雨，光憑那想像就足以讓人心神不寧，無法放鬆。

在前兩節中，我們會初步介紹不快樂的兩大因子：「痛苦」與「煩惱」，接下來則進一步談及理當幸福的一代面臨的人生兩大功課——「貧乏的痛苦」與「富足的煩惱」。

痛苦，源自失落、憂鬱、憤怒與貪婪

一位差點被感情詐騙的女老師沮喪地說：「眞正可怕的，不是共度一生的老套說詞，而是對方要我提供自己的帳號。誰不嚮往愛情的美好呢？到我這年紀，說不渴望找到一個能長相廝守的對象，是騙人的。但對方一直要我提供帳號給他，每天畫大餅，說賺到錢以後就可以把錢還我，要跟我一起過下半輩子。但那可是一筆天大的數目啊。」

結果，詐騙集團還來不及向女老師「先借點錢」，自己就被逮捕了，女老師沒賠錢，卻陷入了深深的憂鬱之中，因爲所有畫好的美麗大餅，都不會成眞了——財富、名車、豪宅、兩人成雙入對、衆人欽羨的目光——一切俱成泡沫幻影。

「說來也荒唐，大家都說我應該感到慶幸，但我就是很沮喪。」女老師說，「那些鬼話，我起初也沒多在意，本來就沒有的東西，做了一個月的夢之後，還是沒有，在別人眼裡我並沒有什麼實質的損失，但是天曉得，我卻必須花大半年的時間來憂鬱，直到這幾天，午夜夢迴，想到自己仍置身於這個破爛小公寓，心情還是會很低落，更讓我難過的是，我一直以爲過去是因爲太過理想化而錯過好姻緣，沒想到自己原來也是個這麼重視物慾的人……」

在這個故事中，我們看見了痛苦根源之深，遠超乎一般人的想像——倘若詐騙集團並未被抓，半年後，騙走了女老師半生的積蓄，人財兩失，一邊是永遠已讀不回的Line，另一邊是幾個月內便歸零的多年積蓄，女老師自然痛不欲生。

人生處處伴隨著「期待落空」

我們可能會以爲痛苦的根源，是來自於「失去」，然而事實上，這位女老師根本沒被騙，她卻照樣很痛苦。因爲她發現自命不凡了一輩子，才認清自己跟大多數人一樣：期待愛情、渴望富有、卻求之不可得，潛意識違逆了心志，在半夜做起衆人欽羨的榮華美夢。

「哼！那些人會被騙就是因爲太貪心了。我從不在乎世俗的眼光，更不屑那些天天想嫁富二代的人。我只相信我自己，腳踏實地過一輩子！」就在幾個月前，她還能豪邁地說出這些話，如今，自勉之詞卻全成了譏諷。

女老師沒賠到錢，卻賠上自己的信念，愛情骨氣兩頭空。而女老師爲何要勉勵自己「腳踏實地過一輩子」？不也說明了人性的想望，在內心最深的角落，或許仍渴望有某個人或資源可以「依靠」？

求之不可得，是痛苦；得而復失，更是痛苦；若可得而終究未得，最是痛苦。受騙的女老師如此，經常加班的上班族如此，看似無憂無慮的國中生如此，神前持香虔誠膜拜的信徒如此，你我有誰不是如此？期待被父母疼愛、期望被朋友接納、期待考試金榜題名、希望找到好工作、期待感情順利、渴望跟伴侶共度一生、祈求兒女無災無難、盼望事業有所發展、期待父母能高壽健康……

然而，假如事事如願，就眞能無憂無慮嗎？倒也不盡然。

一位老婦人深陷憂鬱許久，先前就醫多時，都找不到原因，只能當作是原發性的重度憂鬱症，用抗憂鬱劑來治療。直到數次會談後，我才漸漸明白：她不僅在那個年代能就出國留學、一生經濟寬裕、朋友眾多，她還是個重視家庭教育與兒童成長心理的母親，早在心理問題被重視以前，她就閱讀了大量外文教養書籍。在先生的配合下，她的家庭經營可說是相當成功，三個小孩不只在物質上與心理上都很富足，如今也各自有所成就。

但是，當一切都成為往事，她依然眷戀著當年的角色與美好的過去，相較之下，久久一次的兒孫滿堂並不是她要的。她暗自嫉妒著兒媳婦，甚至自己的女兒，因為她們都有著需要自己的小孩、老公、與甜蜜的小家庭——「我好想念當時的下午茶時間，老大彈著鋼琴，弟弟打著小領結，妹妹穿著小洋裝，兩人一起玩遊戲。我先生有時沒進公司，也會過來坐在我身邊，牽著我的手，陽光穿過窗邊搖曳的枝影，就灑在客廳的地板上。」

老婦人講述了許多她在教育兒女時花費的巧思，分享了與先生維持婚姻新鮮感的祕訣；甚至提到了從高學歷光環走入家庭、成為家庭主婦後，繼續維繫朋友關係、社交活動與自我學習的心路歷程。當她講著這些時，眼睛裡是充滿光芒的。

然而，直到前年先生遇到了一場小車禍，全部事務都要靠趕過來的女兒打點，自己只能呆立一旁，那時她的內心崩潰了。老婦人驚覺年齡增長後，早已不復當年。難以接受現實的她，甚至拒絕看到鏡中的自己。年初，一場沒有大礙的跌跤，讓婦人行動變得更加遲緩，她忽然不敢搭捷運，因為擔心在車門開啓時，自己會來不及走進去。更糟糕的是，恐懼逐漸延伸到電梯——偏偏她先生為了享受退休生活，買了間捷運旁大廈的頂樓，根本沒想到她因為自動門畏懼症的關係而不敢搭電梯，於是成了被鎖在豪宅裡的貴婦。

當我們面對生命的起起落落

儘管擁有了世俗所謂的幸福，即便一生無災無難、表現出眾、從那個時代就能擁有豐盛的物質與心理，然而時間卻提醒了人們，一切似乎都只是暫時的，終究要還。這也讓我們不禁對人生感到懷疑，不管表現得優秀還是平庸，會不會眼前的幸福或痛苦，最終都將歸零？

最後，那位老婦人屈辱地坐上了輪椅，由幫傭推進電梯，到了地下室電梯間，則馬上奮力掙扎、推開輪椅想自己行走……如今，所有人的恭維也好，稱許也好，甚至是鼓勵，對她而言都成了羞辱與失落。

「我一直以為我比別人幸運許多，所以也很努力活得更精彩，想帶給更多人希望，幫助身邊的人。」老婦人喘著氣說，「如果早知道最終一切都是要還的，我還會這麼堅持、這麼努力嗎？而如今的我，有痛苦的權利嗎？」

很多人都以為**只有童年被剝削、在學校職場被排擠、感情婚姻不順遂，或身體健康受威脅等「具體事件」，才會產生痛苦。**事實上，痛苦就像病毒般隨時想闖入我們體內：只要有期待、無法盡如人意，即便幸運（就像女老師在被騙前一刻破案）、即便眞實擁有（就像老婦人幸福一生），痛苦馬上會乘虛而入，在我們的生命中瘋狂肆虐。

在某種意義上，痛苦可以說是命運的化身——當人面對生老病死，有生，就有老病死，痛苦就是生命必經的過程，無所不在，無處閃躲，讓我們一再意識到面對現實的無能爲力。

煩惱，是由於不安、焦慮、害怕與無力

一位留美的女孩回憶起當時在國內一家私立學校的經驗：「剛申請通過的時候，眞的很開心，因爲學校環境很棒，師資也很好。然而過不了多

久，就覺得不對勁，我指的不是學校，我說的是同學。班上充滿小團體，核心人物都是公司老闆的小孩，還有排序：上市櫃公司的最大，再來則是高階主管跟醫生的小孩等等。我印象很深刻的是，一個班上領頭的男生被要求上課不要搗蛋，那男同學竟然指著老師說：『我回家跟我爸說，妳明天就不用來了。』結果，隔天那位老師就離職了，我們幾個要好的朋友都不知道她去了哪裡。這件事情對我打擊很大，我開始懷疑：如果連學校都這樣，那麼，這個社會又將有什麼樣的未來在等著我呢？」

這位早熟的女孩沒追問學校老師去了哪裡，她知道不會有答案，卻把這件事一直放在心上，耿耿於懷——上課講話、搗蛋、打斷老師說話、捉弄同學，本來就是家中長輩一再告誡「不對的事」，但當老師出面阻止這位男同學時，原本該是秩序管理者的人卻「被消失」了，那麼，這是不是意味著，只要家庭背景夠厲害，靠山夠強大，所有不對的事情都會變成可以做的事？

女孩並不是家裡「不夠力」，而是她厭倦這樣的叢林法則。從此，她在學校經常躲著那男生——嚴格來講，是那群人。她本來想出國，發現那位男同學也要出國，便連忙要求改直升，到了大學才出去。

「這些年來我想了很多。也常常反問自己：『我在害怕什麼？』」女孩說，「是因爲同情那位老師嗎？說眞的，我跟那位老師並不熟，甚至不記得她叫什麼名字了，後來跟國中同學聚會時，一次也沒再提起她。然而，我卻常常想起那位老師當下慌張失措而無助的表情。我覺得，我似乎看到了自己。」

「如果當下被羞辱的是我，那我該怎麼辦？傷害在那一刻就已經達成了，假如我是她，不管是因爲教育熱情或犧牲奉獻的精神而去做那份工作，我應該都沒辦法再提起勇氣回到學校，去面對學生了。我很清楚，那一幕只是社會的縮影，不管在哪一個角落，同樣的情境日夜都在上演，甚至更加殘酷無情。」女孩一邊說一邊低下頭。

從她的獨白中不難看出：她使用了大量的「如果」、「應該」、「似乎」等假設性詞句，來描述她面對這個現實世界的焦慮。她提到的問題其實很多都尚未發生，純粹是出於內心的擔憂。

當然，這些焦慮不太可能僅僅是創傷後反應，在我們的經驗中，更可能與女孩的成長背景有關。

權威與秩序的瓦解

「我不認為自己承擔得起，或是願意去承擔——我花掉家人那麼多資源，如今卻待在家裡成了躺平族。學了一堆，東沾一點，西沾一些，看似什麼都會，其實沒一個專精，就像現在這樣。」

女孩有兩個精明幹練的哥哥，在那從事傳統產業的家族裡，「繼承家業」一事從來沒閃過她的腦海。檯面上，她是家中乖巧有禮的小女兒，不僅是爸爸媽媽的掌上明珠，也是爺爺奶奶最寵愛的孫女。現在，她卻變成家人成天擔憂的對象，返台之後，整天關在家裡上網，除了偶爾跟以前的朋友出去吃飯聊天，幾乎沒有社交生活。

在那高度動盪卻不可被言說的原生大家族裡，充滿了親族間較勁、經營轉型壓力等等。通常，家中成員都以為將各種糾紛、是是非非與外部張力隔絕在外，就能創造一個近似伊甸園的地方讓孩子無憂無慮地成長。殊不知，生性敏感的小女兒從破綻中看見了眞相，深覺「應該」更加乖巧聽話，不要增加大人們的負擔，也許自己才有機會得到接納。

她的焦慮，從她深信的戒律——「不可以搗蛋」、「對大人要有禮貌」、「不可以頂嘴」、「不能頂撞大人」等等就能略知一二。她述說的那些，就是她長期謹言愼行，祈求自己與家人幸福平安的努力。

然而，當她目睹了班上男同學頂撞老師之後卻安然無事，所謂的權威就這樣瓦解了，那她至此的乖巧聽話，到底是爲了什麼？而她長期賴以爲生的自保方式──守規矩，還能給她什麼保障呢？女孩頹然意識到：任何一個不遵守遊戲規則的人，都可以輕易撕裂她心中的防護網，乖巧與配合在野獸面前，是如此地無助。從此，這個世界對她來說就不再安全了。於是，學成歸國的她，使把自己關在房間裡，活在想像的世界裡，因爲那是她唯一能夠控制的地方。

那些成天嚷嚷著「爛草莓」、「一代不如一代」、「身在福中不知福」或「就是過太爽才會生病」的人們，能想像自己年少時代遇到這樣的同學嗎？十幾年前頂多是混幫派、打架逞威風而已，現在可是「升級」到：在社會菁英搶破頭的貴族私校裡指揮校方、自訂校規──這類永遠不會被承認，也難以見光的「鬼故事」其實爲數不少，然而，又是誰讓下一代提早面對社會的殘酷現實？不正是自認爲給了他們一切幸福的那群人嗎？

有毒資訊瀰漫在生活之中

再分享一個隨處可見的故事。一位母親神情緊繃地說：「我不知道發生什麼事，自從生了老大之後，就覺得渾身不對勁：睡也睡不好，吃也吃不下，神經兮兮，小孩一哭鬧就緊張到快崩潰。老實說，跟別人相比，我的運氣還不錯，小孩乖，老公全力幫忙，但不知道爲什麼，從睜開眼睛的那一刻開始，每件事都令我擔心。直到前幾天有人提起『產後憂鬱症』這名詞，我才發覺自己是不是生病了……」

這位母親原本任職於傳產公司，生性樂天，爲人海派，長期在公司接洽國外業務，人際關係維持得相當好。生了第一個小孩後，她便請了育嬰假在家，卻像換了個人似的，只要跟小孩照顧有關的事，都有如強迫症般嚴格篩選，避免原料、生產、製作或運送過程中有任何可能危害小孩的地方，而她的笑容也漸漸消失。

「沒辦法啊！媽媽群組裡都會再三提醒，很多YouTuber、IG網紅也都會叮嚀『這個絕對不能買』、『那個比較好』、『一定要準備的幾件事』、『哪件事不能做』、『處處都要小心』……我每天在家，常常被這些資訊給搞到快崩潰。凡是寶寶要用的，沒有一樣我不擔心。」

「那不就真相大白了嗎？」我笑了笑繼續接著說：「妳是資訊中毒了。透過手機，閱讀了超量的有毒資訊。」

「就這麼簡單？不是我生病還是什麼腦內化學物質不平衡之類的？」

「育嬰期間，妳通常只能透過手機網路吸收資訊。但問題在於，會被妳接收的資訊主要是哪一類的訊息？舉個例子來說，兩則新聞，一則標題是『注意！多數市售奶瓶使用的材質在常溫下，仍會釋出足以干擾幼兒腦部發育的環境賀爾蒙』，另一則的標題是『根據主管機關調查，目前多數市售奶瓶使用材質安全無虞』，妳會選擇哪一篇來閱讀？」

她不假思索回答：「第一篇。」

「前一篇傳達著警告訊息，它告訴妳：必須做些什麼，否則就會遭殃。在生存壓力下，人類大腦本來就會將帶有警戒意味的訊息放在優先順位，不只妳，每個人都一樣。問題是，在資訊爆炸的今天，訊息與訊息之間也出現了競爭關係，『一切平安無事』的訊息並不受歡迎；越是擬眞、越是迫近生活、越是具有警告意味的訊息則廣爲流傳——即便實際上根本是錯誤的，但它被普遍轉貼、分享的機率卻大大地提高。對於撰文者而言，爲了流量，自然盡量提供警訊；而閱聽者更是會不自主地挑選這類文章來閱讀，結果讓人變得容易緊張兮兮的。」

那位母親思索了片刻，問道：「所以，你的意思是說，那些都是我一直在嚇自己？」

「更精確地講，是妳一直縱容媒體恐嚇自己。」

「那爲什麼是我？我的意思是，別的媽媽也看一樣的資訊，爲什麼她們不會？而我會？」

她的問題，就屬於諮商的議題了，經過一段時間的會談，我發現她有個嚴厲的母親，帶給她不少創傷經驗，她在長期討好母親之餘，也深深期許自己不要將這樣的痛苦帶給下一代。她決心要當個天底下最好的媽媽，讓自己的小孩在最幸福的環境裡長大。沒想到，這樣的決心卻讓她陷入完美主義的深淵，不管怎麼努力，都覺得不夠好，她除了不斷自我批評，還大量地吸收網路上的各種警訊，導致她付出了越多努力，眼前所看到的問題也越多。

對於小時候沒能得到的善待，她希望自己爲人母親之後，能夠補償給下一代。童年時期有多匱乏，痛苦有多深刻，今日的她就會督促自己應該做到多完美。問題在於，我們活在人世間，她永遠無法給小孩一個天堂，求好心切的她，就在媒體的推波助瀾下，爬上了那個永無止盡的巴比倫塔——處處是「關鍵」，處處是「重點」，比來比去，卻始終沒有一個最佳解，徒留焦慮到崩潰的自己。

人腦本來就是一個警訊的接收器，目的是為了提高人類的生存競爭力，但是當越來越多人掌握這個流量密碼後，整個現代社會就如同一個蒸籠一樣，不斷推演出各種未來可能發生的風險，讓煩惱大幅地超越了真實情況。即便風暴過後，或者已經痛苦不再，人們透過認知、想像、揣摩、假設性詞語，依然編織了大量的繩索，將自己牢牢綑在其中。貫穿其間的，是龐大的焦慮、恐懼與不安，而當人們試圖想控制一切災難，卻產生了更大量的煩惱。

倘若痛苦是命運的化身，帶給了人們最深沉的無奈，那麼，煩惱就是人類對命運最悲壯的反抗——明知最佳解不可能，卻像薛弗西斯一樣滾著大石頭上山，然後期待大石立在山尖，不要滾下去——雖知這是不可能的事，仍然不停努力，反覆再三。

理當幸福的一代面臨的人生兩大功課

相較於前面提到的痛苦與煩惱，「幸福」是一種狀態，描述著人們心中充盈而滿足的快樂；而與之徹底相反的，「理當幸福」則是社會對於表面上過得不錯的人們，在無形中強加於身上的責任，背後隱含著兩個面向，其一是**「你們已經過得這麼好，沒有任何抱怨的權力」**，另一個則是要求**「你們擁有更多資源，應該承受更大的委屈，做出更多的貢獻」**。

在過往的亂世中，亦可見到極少數眞知灼見的冒險家在獲得財富後、歷經人生滄桑而體會到「理當幸福」的壓力——就如同先前那位有錢的老婦人一樣；而治世到來以後，人們看見機會，往往會先產生一大群「辛勤的一代」，爲了累積財富而犧牲一切，甚至賠上本當屬於下一代的心靈資本，造成了家庭的破碎、財富分配不均、社會不穩定等等，最後又產生了爲數驚人且「理當幸福的一代」，也就是如今「富足的一代」。

換言之，物資豐饒、生產過剩、需求推到極限的此刻，在理當幸福的時代下，所有生活於其中的人們，或多或少都能感受到被社會課以「理當幸福」的重擔。本書聚焦於目前約莫**二十到四十歲的少壯世代**，他們面臨著二戰以後最嚴重的貧富差異不均、房價物價飛漲、資本技術高度集中，以及成爲一個有用的人需要付出巨大的犧牲（外語好、出國、上名校、爲功成名就而加班到很晚等），甚至是在成長的過程中，面臨了照護條件的惡化（小家庭照顧支援不足、雙親均有事業、家務無人打理等）。這群人所面對的是一個高度複雜的社會環境與從未有過的紛亂價值觀，包含：隔代教養、兩地家庭、父母全職投入、網路盛行、自媒體氾濫、價值分衆、教育體制朝令夕改、社會快速變遷等等。

這群「理當幸福的富足一代」，是人類有史以來，教育水準最高的一個世代，隨著心智年齡的成熟，他們也有了足夠的知識與工具，走出宗教教義、走出傳統禮教，用個體的角度，來思索與表達自己所面對的問題。我們相當於用了舉國之力，教養出一個個柏拉圖、亞里斯多德、畢達哥拉斯，卻沒辦法讓人人都成爲一代宗師，有自己的雅典學園、身分、信徒與歷史地位。

與雨果的《悲慘世界》相比較，這差異就會分外清楚——當年都市化崛起，工業革命方興未艾，社會安全概念尙未萌芽，貧富不均與生存焦慮看似遠比今天嚴重，但當時多數人不但沒讀過大學（缺乏知識），也沒有網路（工具）可用。在那樣的背景下長大，可能連思考與表達能力都沒有，又如何充分感受到情緒與痛苦？即使有，在醫學不發達的年月，在罹患憂鬱症之前，就可能先死於營養不良、免疫低下、感染或是各種傳染病，因此，人們更傾向於尋求宗教的寄托，並且追隨世俗的文化。

從這個角度來看，理當幸福一代的興起，何嘗不是一個全新的里程碑：

人類終於進化到能支持普羅大眾**面對自身最核心的問題，並反芻不快樂**——在物競天擇、適者生存的時間長河裡，沒有其他物種演化出自尋煩惱的能力，即便在過去的啓蒙時代，情感與煩惱也大多侷限在少數貴族獨享的藝術、哲學與文學領域。

「貧乏的痛苦」與「富足的煩惱」並存

「妳並沒有做錯什麼。過去的努力也沒有白費。」我對一位得知女兒罹患憂鬱症而差點崩潰的母親說，「妳讓她擁有了感受並陳述痛苦與煩惱的條件——這是最難能可貴的一件事。爲什麼妳完全不懂她在想什麼？那是因爲她的媽媽比妳母親用心太多，妳讓她具備了這種能力，讓她走到離妳很遙遠的前方。」

時代在改變，痛苦的形式也有了變化，衍生出來的煩惱更是難以勝數。

「貧乏的痛苦」與「富足的煩惱」幾乎同時相生並存。

貧乏來自經濟上的相對剝奪感、價值感的空洞化與缺乏安全感的成長環境。而上一代辛苦努力所增加的富足，卻誘發了更多深植於人性深處的存在性焦慮——簡單來講，今天的人們比以往任何一個時代的人更有條件去思考：**為什麼我會在這裡？我活著是為了什麼？**

現今主流的心理治療理論大多發展於資源較為貧乏、貨幣發行有限、交易模式簡單、資訊流動速度緩慢的二十世紀。面對二十一世紀後，短短十幾年內天翻地覆的各種革命，從全球化、網際網路、行動電話、快時尚、量化寬鬆、貧富差距擴大、房價飆漲、少子化、高齡化社會、地緣政治、通膨再起——我們正引頸期盼一個具有強大詮釋力的後後現代主義的治療理論到來。

傳統治療觀點，諸如：創傷、壓抑、失落、溝通障礙等等，雖然實務上仍有其巨大效果，但終究有其極限。值此青黃不接之際，我們得學習用新的敘事觀點、新的角度來剖析：瞭解自己、理解家人、甚至是認識整個社會，才有辦法從中摸索出可能的解決之道。

在後續的兩章裡，我們將分別從「貧乏的痛苦」與「富足的煩惱」這兩大面向，來進一步探討理當幸福的一代所面對的新困境。

Chapter 2

貧乏的痛苦

逐漸加深的相對剝奪感、家庭功能不健全、
多元價值帶來的困境……
人們在生活中無法取得平衡，
也感覺到自己越來越無力與渺小。

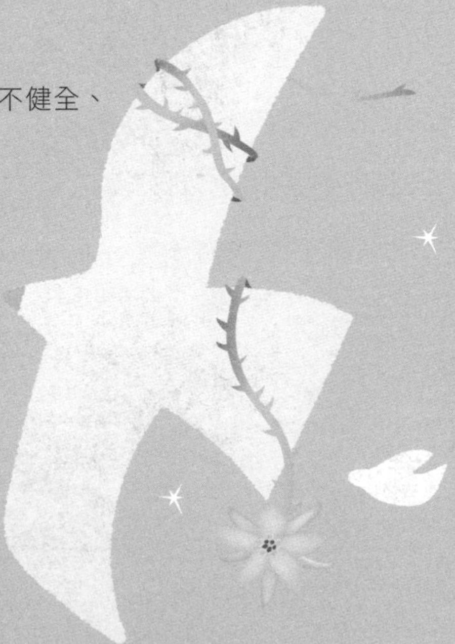

貧乏意味著「沒有」——沒有所有權、沒有使用權、沒有人脈、沒有支持系統、沒有自信心、沒有支持團體、沒有安定感等等。這些「沒有」都是超越個人意志，赤裸地擺在眼前的。正所謂「一文錢逼死一位好漢」，沒有就是沒有，你再優秀也沒辦法。

由於「貧乏」來自於命運，人們只能感到無奈，而所有的貧乏幾乎都來自事情發生了之後，像是：覺得自己出生時投錯胎、投資機會稍縱即逝、錯失緣分、沒有聽進前輩的忠告等，留給人們的只剩失落、自責與悔恨。

然而，必須強調的是，貧乏是一種相對的概念，建立在**「比較」**之上，而非放諸四海皆準的絕對值。也就是說，透過比較，才會產生貧乏感；沒有比較，人就不會出現太大的情緒反應，更不會有嫉妒或痛苦。透過表一的數據可以得知，一九七六年和二〇二一年這兩個時空下的台灣差距有多大，相比之下，後者的人均GDP是前者的八・四倍，但是，代表所得分配不均的吉尼係數（Gini coefficient）卻也大幅增長。

表一

台灣 1976 年與 2021 年分別的人均 GDP 指數、吉尼係數。

年份	人均 GDP（美元）
1976 年	3901 美元
2021 年	33059 美元
年份	吉尼係數（衡量所得分配不均的標準）
1976 年	0.28
2021 年	0.341

注：聯合國開發計劃署等組織規定（吉尼係數）：

0.2-0.29 表示指數等級低；0.3-0.39 表示指數等級中；0.4-0.59 表示指數等級高；0.6 以上表示指數等級極高。

0.4 是所得分配差距的「警戒線」，超過這條「警戒線」時，貧富兩極的分化較容易引起社會階層的對立，從而導致社會動盪。

不管從數據或實質上，台灣人眞的變得更有錢了，然而，從主觀的經驗來看，貧富差距也越來越大：資本高度集中在少數資本家與地主手中，個人透過讀書或創業獲得階級流動的機會越來越渺茫。以傳統社會備受重視的醫師與律師爲例：一九七六年代，生意興隆的診所醫師，一個月賺得一棟樓並不誇張；律師照樣請得起司機、找得到台籍幫傭，還能每個月逛委託行買舶來品（那年代受到進口管制，很多外國商品只有在委託行才買得到）。到了二〇二一年以後，雖然社會品質普遍提升，但階級流動也變得困難，許多人面對的現實是：與其努力，還不如「投對胎」。優質的生活帶來昂貴的生活成本，教育普及下的年輕一代即便取得了良好的教育，依舊必須在自己的階層中奮力掙扎，努力避免向下流動，同時，還會從社群媒體上不斷看到一堆做夢都無法想像的奢侈品或奢華舉動，或者受到特定族群的炫富行爲所影響。

結果就是——**人們在擁有更多之後，卻普遍感覺到自己更加貧窮**，不管是高知識分子、技術人員、軍公教家庭、中小企業工作者、創業家等等，從父母到子女都必須犧牲更多的個人意願與家庭功能，來換取一些短期內重要、但在生命中意義卻不大的財富，因此造成了所謂匱乏的痛苦，讓人難以滿足於現況。我們可以將這樣的貧乏，分為以下幾種層面來看。

物質上的貧乏

「好羨慕我學姊，她都沒有我這種困擾……」二〇二〇年末，疫情爆發，台灣因初期的疫情管控，尚未淪陷，此時，一個女孩戴著口罩出現在會談室，微帶哽咽地對我說：「我們家在中國的工廠都停工了，我真的很擔心我爸。這幾個月根本都沒有進帳，該付的錢還是要照付，那可是一大筆開銷啊！雖然他總說不用擔心，但疫情還要持續多久？半年？一年？我知道他想一肩扛起這些重擔，但他能扛多久？我媽昨晚提議關掉幾個不賺錢的廠，我爸就當場翻桌，接著又是一陣爭吵。我躲回房間，打電話跟學姊哭訴，她人很好，會靜靜聽我說，不過，一想到她家是上市公司，最近股票漲不停，我就忍不住想哭。為什麼每次出事，我爸都得飛過去收拾？學姊家都由專業經理人搞定，從不擔心沒錢——說實話，我很嫉妒，爸爸努力到現在，家裡還是這麼窮，眞的讓人很不甘心。」

當「窮」字從這位富家女孩口中吐出，雖然突兀，卻實在到位——她所感受到的，正是所謂的「相對剝奪感」：**當財富累積到一定程度，就不再是「被使用」，而成了用來「比較」的工具**，在從貧至富的天梯間，下方滿是他人羨慕與嫉妒的眼神；抬頭往上望，自己同樣滿懷欣羨與妒忌。

相對剝奪感所帶來的傷痛

倘若財富的取得經過重大犧牲，報酬卻「相對」平常，甚至不值一提，這其中的相對剝奪感更會如野火燎原般蔓延開來。這種比較會讓人無法滿足於眼前所擁有的，也會希望自己處在比別人更高的位置。以女孩爲例，她經歷了父親長年缺席、數不清的父母衝突等，卻看見了「學姊家都由專業經理人搞定，從不擔心沒錢」。

一位研發工程師因爲母親的一句話，在家中大發雷霆。

「我知道媽媽沒有惡意，但是，正因爲如此，我更難面對事實的殘酷。」他無奈地說，「在他們心中，我媽不過就是說了一句：『你年薪兩百萬，有錢買竹北的豪宅，卻連弟弟的罰單也不願意幫忙繳？』但他們卻沒有想過，我那些薪水是怎麼賺來的？出門天沒亮，回家就洗洗睡——我是拿命在換錢，他們知道嗎？我買的房子對門、樓上跟樓下都是投資客，一次買好幾戶，還有人嫌出租麻煩、出售稅重，就這樣放著，只剩我一戶有人住，辛苦地繳房貸。住豪宅？根本就是笑話！弟弟住家裡，沒工作，吃穿靠父母，還買車給他，上個月三張罰單，這個月五張，車是他在開，罰單憑什麼要我繳？」

「我把情況跟大學同學說，你知道結果是什麼嗎？」他苦笑。

「無一例外，大家都說：『班上就你發展最好，畢業沒幾年，薪資就這麼高；要說吃苦，哪一個人不苦？一樣是工程師，一堆同學早出晚歸，年薪還沒破百，連房租都快繳不起，根本不敢夢想買房，你這麼好命，何必跟你弟計較那麼多……』」

在科技業掛帥的島嶼，撇除這些受惠於出口的製造業，平均的薪資其實更加慘烈，更別提長期有就業困難的文組生，連傳統頂尖科系的法商畢業生，如今也失去了光環。

「我的職業是推手推車的。」一位頂大法律系畢業生靠關係進了某五大律師事務所，工作是在檔案室把卷宗歸檔。「電子化？有啊！但是前輩要看紙本啊！考律師？我腦袋才沒壞掉，我那雙榜[1]同學現在幾乎天天住在事務所，薪水也沒比我高多少。」

另一位剛從比利時學薩克斯風回國的年輕男性，在家裡蹲了兩個月後，終於受不了，決定放下身段，提著樂器在北台灣各校、各活動現場開始了表演藝人生涯。「有關係萬事ＯＫ，不靠關係就連生活都大有問題！」他感嘆地說。

隨著資本的集中與專業機構的規模化，所有專業都面臨相同的問題：在龐大無比的企業面前，年輕人再有理想、再有雄心壯志，也只能臣服於既

1　指同時考上律師跟法研所。

有的公司文化、潛規則，與死板的薪資福利政策，人生中可預見的主動收入就是如此有限，與新聞中不停起飛的經濟現況相比，自己彷彿活在平行時空一樣。

何謂相對剝奪感？

指當人們將自己的處境與某種標準或某種參照物相比較，而發現自己處於劣勢時所產生的受剝奪感，會讓人產生消極情緒，可表現爲憤怒、怨恨或不滿。例如：一樣是參加歐洲旅行團，但是搭了十幾個小時的經濟艙，座位狹小、空間有限、服務制式化，下飛機時發現其他升等商務艙的團員描述自己的禮遇服務、航程舒適，內心自然會感到不舒服。

難以翻轉的社會階級

再加上，相對剝奪感常見於弱弱相殘。一來，人們通常會把目光放在最相近的社會階層同儕上，當對方稍有成就，嫉妒感便油然而生；二來，人人都有各自的無奈與匱乏，彼此成長經驗越相近，越能感受到對方過去所受的苦難，此刻的社會地位差距更會引發相對剝奪感。

「我當然知道他的辛苦。」一位年輕人說起自己的同事，「他小時候父母都在外地工作，等於是爺爺奶奶帶大的，親戚看他爸媽錢賺多了，眼紅之餘，常把氣發洩在他身上。然而，那段辛苦的日子已經過去，但他明明生活這麼有餘裕，卻依然拚命加班、想搬出家裡在外面租房子。不像我，要扛學貸，別說買房遙遙無期，連房租繳完都存不了多少錢，那同事竟然還處處學我，找到了一間房子問我要不要一起分租……說他願意出比較多錢，我都不知道該怎麼回他才好。」

曾有人探討過，與歐美的皇室、百年豪門相比，台灣的貧富差距並不算大，但相對剝奪感卻強烈許多，可能的解釋是：台灣不同階層的居住空間太近，我們可能跟富豪住在相同的大安區、信義區，一樣走在仁愛路與敦化南路上，逛著相同的百貨公司，Toyota跟勞斯萊斯塞在同一條的高速公路上，有太多比較的機會。最經典的畫面，就出現在窄小的街道旁、老舊斑駁的騎樓下，房仲店頭的玻璃窗上貼滿的A4紙，張張都是好幾千萬或近億的待售物件。

事實上，不只空間距離，連血緣關係也近——早年台灣創造了經濟奇蹟，隨後迎來征戰中國與世界各地的台商，近年則是蓬勃發展的高科技業，長年以來，財富不斷累積，許多人的親戚朋友間就有成功發跡的案例，在倖存者偏差[2]的濾鏡下，成功彷彿「只要努力」就唾手可得，再加上求學階段，師長不斷灌輸「一分耕耘，一分收獲」，讓我們留下了這樣的預期心理。然而，現實的情況是，一年年過去，翻轉階級的機會越來越少。

人人都被要求過著體面的生活

「萬物齊漲，唯獨薪水不漲！」是我們最常聽到的怨言，也是現代受薪階級的無奈。不過，問題有這麼簡單嗎？事實上，只考慮通膨根本低估了人們的相對剝奪感。

人越是努力向上爬，大家對他們的生活條件與社交要求就越是上升，徹底抵銷了財富效果，讓我們在擁有更多之後，感受到更強烈的匱乏感。舉個例子，一碗雪花冰，三十年來價格也許漲了三倍，然而，對於一位想讓心儀對象留下好印象的年輕人，依照當下的社交標準，就得從夜市移步到高檔餐廳，消費進口義式品牌冰品，價格可能就是十二倍了。

當一個人有越高的社會地位，所身處的社交圈就有著越高的消費標準；

2 倖存者偏差（Survivorship bias）是指在研究或觀察中，只有成功或倖存下來的事物或個體被考慮在其中，而那些失敗或消失的事物或個體被忽略或排除在外的一種誤差。

擁有越多，通常被期待的程度也更高，而**財富效果所伴隨的價值感則越低落**，由低到高，任何人都無法完全放鬆。資本主義社會總有辦法創造出一個超乎你能力所及的消費市場，並讓人窺見一群你無法攀比的族群在其間談笑風生。

而社群媒體更在其間產生了推波助瀾的效果。許多自媒體業者發現，透過展示超高消費力有助於吸引流量，觀眾根本不在乎影片的眞實性，只要是炫富、揭露所謂「上流階層的生活型態」，就有可能激起廣大受眾的好奇心，而且基於效果律[3]：年齡越是相仿，場景越是尋常，反應與處理方式卻越是豪奢到匪夷所思，越是有票房。久而久之，自媒體業者賺足了流量，卻也留下了龐大的副作用，就是觀衆在驚奇之餘變得自慚形穢、內心更加不平衡。

結果，財富累積拉高了整體生活水平，年輕一代卻越難屈就於劣等的條件——就算你不在意，親朋好友同事客戶也會在意。審美觀、鑑賞能力較高的他們對於品質的要求普遍比上一代來得高，他們不但自我要求，也要求著彼此，讓大家都難以放鬆。這導致富足一代喪失了樸素的權利，在許多場合，如果沒打扮、衣服重複穿、開舊車就可能會引來旁人側目。然而，現代社會卻沒辦法提供足夠的勞動報酬與致富機會，讓他們靠自己維持相對應的社交與生活。

對於那些沒有「祖上積德」的族群來說，眼前所要面對的是現實的無奈，他們得設法活在當下，調整自己對夢想高度的設定，不然就是被卡債、信貸、車貸壓得喘不過氣，將生活費盡己所能地縮減。而這樣的問題經常會發生在下列兩個族群之上：

3 效果律（law of effect），是指在一個特定的情境下，可以得到滿意的效果的反應在該情境下重複出現的機率會上升；反之，重複出現的機率則會下降。

1 有機會接觸到富裕階級的年輕人

這些人爲數眾多，但自己卻並不屬於該階級。尤其在東方家庭中相當常見，父母竭盡所能讓自己小孩上私立幼兒園和小學、學才藝、補英文、讀私立國中或國際學校，期待能培養孩子的「國際觀」，避開升學壓力，早早出國念大學，甚至在高中階段就出國，生怕孩子輸在起跑點。

排除掉少數原本經濟實力就已經相當豐厚的富裕階級，這個族群其實由大量的中高階經理人、專門技術人員，或是小企業主等中產階級的上層所組成。他們也許有能力如同富人階級一般支付龐大的教育費，但或多或少也造成自己經濟上的負擔，因此很自然地，在付出的同時，也會提高對下一代的期待，形成所謂「有條件的愛」——**子女會覺察到，父母的關愛背後是有條件的**——也許是被明白講出來，例如：「爸媽老了之後，你們可要好好照顧我們。」或是暗示性的，例如：「我們不求什麼，只希望你們將來過得幸福。」但怎樣才算是過得幸福呢？孩子會在這之中，感受到獲得這樣的關愛一點也不輕鬆，每一樣都需要自己表現優秀來回報父母的犧牲奉獻。特別是「暗示性質」的條件，更是讓人備感壓力，因爲自己覺得滿意的生活，父母卻未必認同。偏偏有些人又想當個「開明的父母」，明明心中已有既定想法，卻又不明確說出自己的期待，只能靠孩子不斷去猜測。

比方說，孩子即使不是名校大學畢業，但因爲找到了喜歡的工作而對生活感到滿意，父母卻期待孩子有一天可以去讀研究所，讓學歷變得更亮眼；又或者孩子好不容易從國外名校畢業後歸國，父母卻不諒解孩子爲何只願從事看起來沒有發展性的工作。

這群「被期待更上一層樓」的孩子，一方面承受著家庭裡的巨大期待，還要面對同儕中真正來自富豪家庭子弟截然不同的價值觀，龐大的差距往往讓他們難以自處。而青少年正是渴望被認同的階段，但越是被認同，背景差異所帶來的張力就越大。

對於那些無法被富二代團體接納的孩子，問題就會變得相當嚴重，但這部分已經超出此處可探討的範圍了；即使社交能力強、文化資本相近，能被接納的小孩，一樣會面對價值錯亂的問題。「他們都在玩啊！反正畢業後只要回去家裡住就好，不需要急著去工作。」一位留澳的年輕男性說，「我們這種人就只好各自想辦法了。叫我去公司上班，看人家臉色、領那一點薪水，我是辦不到啦！但我們家就只有個小店面，要錢沒錢，要人沒人，多說兩句就說我滿口理論、唱高調，什麼都不會，不願動手學。就那一家小店，幾個人做著沒有效率的事，業績越來越差，眞的很想叫他們收一收算了，但說實話，我也不知道自己未來要做什麼……」

這群年輕人普遍有著國際觀、去過很多地方、有一些異國朋友、見識過不少大場面、對名牌如數家珍、懂得鑑賞、有品味、在人群裡卓然出衆，然而，他們看得上眼的事業，自己家裡無法提供；他們習慣的生活方式，會被勤儉持家的上一代批評；他們做事的態度，會被認爲好高騖遠、紙上談兵；可是，倘若他們想跟「普通人」一樣，外出從零開始打拚，內心又會感到委屈——因爲他們有好多朋友正過著截然不同的富裕生活，而看過大江大海的他們，也很難屈就於起跑點的生活條件。

這些人就這樣被困在「高不成、低不就」的夾縫裡，對未來感到更加茫然，不知道自己的興趣在哪裡，缺乏能激起動力的事物，內心也有著更強烈的相對剝奪感。

2　「相對家道中落」的一代

與眞正的家道中落不同，近年來經濟快速成長，這些豐碩的果實卻高度集中在少數富人階級或地主之手，而產業結構的劇變，先經過了中國快速成長的數十年，接著線上購物發展成熟、投資環境逐步健全，以及自媒體發達，能夠賺上這一波經濟發展紅利者、經營電商成功者、擅長理財或早早就開始投資股票和房地產的人、順利成爲網紅者，以及其他能順應時代潮流而獲取暴利者，都能快速發跡。

當富有者變多，就會造成原本依賴主動收入的中產階級顯得「相對貧窮」，倘若並未透過投資股票、房地產等方式擴充財富，在資本高度集中的今日，小時候備受寵愛的孩子，進入社會之後，便可能感受到一種「今不如昔」的家道中落感。

「昔日王謝堂前燕，飛入尋常百姓家。」不管是哪一種情況，感覺都是同樣眞實的，他們會經歷到比一般人更強烈的相對剝奪感。此時，就需要考驗自己的人格強度了。倘若當事人自己有良好的表現、有傑出社交能力與支持系統，通常不會引發太大的問題；然而，當個案自身缺乏成就，對生活際遇感到不滿，特別是與自己小時候的同學比較時，相對剝奪感就會難以抑止——如果自己從來沒有這些美好的回憶，平平淡淡過一生也就算了，或許不會有這麼大的痛苦；偏偏過去的記憶與朋友的限時動態，時時刻刻提醒著自己的處境，又加深了心中那股無可奈何的貧乏感。

安全感的貧乏

過往，社會與家庭的約束力較強。每個成員都有其角色，再怎麼有錢有勢的父母，在社交場合的行爲舉止，甚至是家庭中如何管教小孩的舉動，都得受到無形的倫理道德所約束，比較難爲所欲爲；相對地，倘若因爲意外事故或不可抗力因素而導致父母某一方、甚至雙方缺席，親族鄰里們也往往會介入，而不是放任家庭功能完全瓦解。

以前的傳統家庭大多重男輕女，身爲一家之主的男性可能經常在外應酬，女性被要求操持家務、照護小孩。然而，女性固然受到不對等的對待，但往往在鄉里間有著更好的連結，能夠彼此照應；男性假如喪失「養家」功能，例如：找人陪酒、沉迷賭博等等，一樣會遭到譴責，一時之間，家族資源可能會流向太太一方，以設法協助維持家庭功能。

從孩子的角度來看，這個年代的成長環境，雖然是有瑕疵的（男女不平等、父親常缺席等），但在家庭遭遇問題時，通常在社會制度運作之下不至於太過嚴重，孩子也比較能從其他人身上得到補償，常見的情況就是由奶奶、外婆或大姑等親戚來照顧。

社會變遷之下，家庭功能不容易得到外部支援

直到現在，社會結構發生了重大的變化，社區鄰里關係逐漸瓦解，都市中的小家庭與鄰居少有互動，當家庭功能出現障礙時，便缺乏空間上的近

距離支援。

而財富的快速累積，工作場域的擴大，一方面加深了親族之間的競爭張力，另一方面也讓有錢有權的個人掙脫了家庭的束縛，能任性「做自己」，還可以從一些成功企業家的大房、二房爭產的媒體報導看出：財富賦予了成功男性某種特權，足以對抗法律與輿論的批評；而富有的女性疏於母職，熱衷於政商名流間的交際、炫富、攀比等行爲，也是被默許甚至是被鼓勵的。同時，爲了維護表面上的社經形象，往往又要披上虛假的甜蜜家庭外衣，而家庭角色的失能與情緒裂痕，就可能要犧牲年輕一代的安全感來彌補。

上述的例子比較極端，不過，簡單來講，上一代在打拚時，無可避免地提高了家庭的不安定性，如：分隔多地、生意應酬、工作壓力、父母一方或雙方長期缺席、將小孩和他人比較等等，年輕一代毫無選擇，只能概括承受這些「副產品」——從來沒有人問過他們要或不要。

多年前，一位清秀的年輕女孩展示了手臂上滿滿的割腕傷疤。「我爸只要回台灣，家裡就變得雞飛狗跳。其實，我寧可他留在外地，也不想看我媽歇斯底里亂摔東西的樣子。說眞的，爸爸在那邊的事，我一點都不想知道，但我媽一直抱怨，好像不跟著咒罵，就是我勢利，貪圖我爸財產似的。」

「眞不懂，他們爲什麼不離婚？還一直說：『要不是爲了我，他們早就離了。』他們要離要死，關我什麼事？」女子淡漠地說，「小時候他們吵架，我還會嚇得躲到書桌底下不停發抖，後來國中時我只覺得心煩，發現拿美工刀割手腕心裡就會舒服一點，每次他們吵，我就割，被學校老師發現就通知了我媽，我媽也是一頓責罵。不然要我去死是嗎？」

女孩面對一個破碎的家庭，身爲台商的父親在外地外遇不斷，而母親因爲缺乏經濟獨立能力，面對鞭長莫及的局面，僅能持續以衝突和受害者身分的來情緒勒索家人，其中，承受傷害最大也最無辜的自然是下一代。女孩學會對抗不安感的方法是痛覺——透過割腕，有效地轉移了過度壓抑的情緒，但是，卻也始終因缺乏安全感，而無法眞正走進這個社會，難以正常交友、擇偶、工作。

富裕家庭裡不自由的孩子

父母因爲工作離鄉背井、過多財富累積、個人意識抬頭、家庭秩序式微，造成下一代的原生家庭紊亂，這已經構成安全感匱乏的一個常見因素，不過，更多的問題其實會躲在看似美好的畫面背後。

一個小女孩在即將屆滿十六歲的生日前企圖自殺，她表示：「我不想長大，希望人生就停留在這最美好的一刻。有全家人愛我，平常我什麼也不用管，只需要念書跟玩樂。過了這個時間點，我年紀會越來越大，越來越不可愛，爸爸媽媽會老，爺爺奶奶會過世，姊姊會到美國讀書，而且可能不會再回來。我很捨不得這一切，或許以後我會交男朋友，但依然會擔心男友有一天變心。如果結婚了，還要擔心小孩，要是小孩像我這麼麻煩，想東想西，我一定會瘋掉。所以，我覺得自己早就活夠了，就在最美的十六歲結束，儘管很多人會很傷心，但一想到未來長大後要面對的事情，就恨不得讓一切終結在此刻！」

乍看之下，小女孩有相當強烈的B型人格[4]傾向，對於想像中的訣別既感傷又略微興奮，然而，到底發生了什麼事，讓小女孩習慣想這麼多？這麼擔心自己失去可愛的能力？

在後續的會談中得知了小女孩有個脾氣暴躁的父親，一旦不順他意就會大發雷霆；還有個厭倦先生情緒多變的母親，兩人總是針鋒相對。以及受夠這一切的姊姊，成天往外跑，恨不得這個家跟她沒關係。偏偏他們又是相當傳統的家庭，在親友聚會時，還會自動切換至溫暖甜蜜家庭模式，在外人眼裡一家子和樂，溫馨無比，而串場其中的要角，自然是「天真無邪」

的小女兒。

儘管小女孩確實是最受寵愛的一個，然而，她心中卻惦記著脾氣不佳、總是被邊緣化的父親，她希望透過自己逗趣的模樣，來促進家族的和諧，拉近父親與親友們的距離。

最糟糕的是，升上國中後，小女孩被班上女生霸凌，但她仍繼續在親友間扮演大家的開心果，回到家裡也只是把自己關在房間，整天上網、滑抖音、小紅書，功課一落千丈，媽媽的怒火不只對著她，也朝向了父親，責怪對方寵壞女兒，一場場大戰隨時都在爆發。

有時，小女孩更希望父母炮口向內，一起責難她就好——可惜機會不多。吵完之後，母親會哭喊著要去死，小女孩便會停下手邊的事，想辦法

4　在現代人格理論中，可以將人類略為區分成三大人格群：A型人格、B型人格與C型人格。而B型人格群有四個屬性，分別是：戲劇性人格、自我中心人格、反社會人格與邊緣性人格。每一個都可以單獨存在，通常會一起出現，只是比重不一。

去安慰母親——這樣的互動模式，持續了好幾年。

「會期待他們改變嗎？」我問。

小女孩沉默良久，搖搖頭，「可是，不做點什麼，我會整天很緊張，一直擔心有什麼事情要發生。」

與前一位大女孩相比，她的困境更是全面：角色失敗的暴躁父親、精疲力盡的母親、逃避麻煩的姊姊、愛面子的家族、霸凌她的女生團體，還有過度討好別人、害怕衝突、更想救贖父親的自己——在這個失去秩序的社會裡，所有人以最大的力度撞擊在一起。

與「物質上的貧乏」不同的是，**「安全感的貧乏」更容易出現在富裕階層與上層的中產階級裡。**後者的家庭因爲財力與家族企業網絡的關係，下一代需要面對距離更爲遙遠的父母，與權力結構更錯縱複雜的親族關係，一舉一動都可能動輒得咎。一位兩個世家聯姻的富三代充分體現了這種疏離感：「我只不過在一場記者會上講錯了一句話，竟然被大肆報導，然後家裡的長輩說我丟光兩家的臉。現在我出門或回家，大樓管理員馬上會通報我媽，還要每週到我爸公司去見他一次，跟他報告生活近況。我想回紐澤西的家，他們也不讓我離開，金融卡能提領的錢都被控管了，只有信用卡還能刷，就只有一句話，說『這是為我好』，避免我破壞家族間的和氣，眞是莫名其妙，只覺得自己身在台灣像是監獄的囚犯一樣。」

備受父母期待的中產家庭小孩

至於上層中產階級，由於組成分子多為學有專精的社會菁英，若非高階主管、公務員，就是專門技術人員。雖然權力財富、人際網絡不如富裕階層般五湖四海，但因為自身的菁英特質，對於子女的期待往往也相對較高，他們在傳承自己的技能與成功之道給下一代之際，有時候會操之過急，或是掌控慾過強，在教育上可能會懲罰多於鼓勵，譏諷多於支持。更常見的是，直接越俎代庖，替下一代規劃人生；部分則是希望孩子比自己更優秀，能更上層樓，往富裕階級流動；也有不少父母從小就讓孩子學各種才藝、看到孩子課業成績下滑便忍不住出言指責，甚至在孩子大考分數不理想時，對他們吐露出自己的失望和憤怒。這些舉動都可能為下一代帶來壓力與不安全感。

一位年輕男子擁有美國碩士學位，卻在台北開起了餐酒館。他說：「長久以來，不管我怎麼做，爸媽似乎永遠都不滿意，沒能順利被Google和微軟公司錄取，就這樣渾渾噩噩了好幾年，我也從不知道活著要幹什麼。每份工作都做得不久，直到回了台灣之後，突發奇想地開起了餐酒館，卻越做越有興趣，儘管每天忙得要死，回到家裡都筋疲力盡了，隔天還是高高興興去店裡。我有點擔心，這樣正常嗎？會不會只是滿足於小確幸，自我安慰而已？」

後來，這位男子幸運地在工作中結交了一群情況相近的同齡朋友，獲得人際上的認同，安全感也因此得到了補強，儘管依然沒辦法取得父親的認可，但他已經能獨力走向自己的人生——然而，像他這樣的人不多，更多的人都是在「高不成、低不就」的位置來回擺盪，極度欠缺安全感，擔心失敗或犯錯，深怕自己一事無成，成爲父母口中「不夠努力又沒出息的人」；在感情中，他們經常因爲擔心被拒絕，而無法放下防備；人際關係上，也總是害怕被討厭，而習慣討好別人。有些人甚至一直需要家庭半救濟，時而工作時而中斷，就這樣步入中年的人，也爲數不少。

價值感的貧乏

價值感是指對自己所擁有事物的感受。事物有實體的，如：汽車、房子，但更多是無形的，如：學歷、職稱、抬頭、知識、資訊、言論。當我們買了一棟夢寐以求的跑車、吃了一頓大餐、發表了一篇文章，或者看了一部有意思的影片，都會產生價值感（由於實體面的擁有跟「物質上的貧乏」重疊，此節專指無形的部分）。

想像一下就不難發現，過往的社會相對簡單：因爲可選擇的事物不多，無論是食衣住行各方面的商品，或是報紙、雜誌、書籍、思想與言論，又如求學、就業、旅遊、投資管道、生涯規劃各方面，甚至連電視頻道也只有三種。

不妨回憶一下，過去三、四十年來，我們的社會有了多少變化？早期的有線電視、光碟逐步被淘汰，大家吸取資訊的管道也從報紙轉移到網路媒體；而智慧型手機發明之後，時代變化得更加快速，傳統桌機被筆電與平板取代，串流平台與訂閱制當道。連學歷也開始崩盤，大學窄門消失，碩士博士滿街走。線上購物與外送平台興起，瓜分了實體銷售分額，各種新風氣不斷崛起，如：旅遊打卡、排隊名店、心靈成長、線上課程等，連最大宗的投資理財，也從原本的標會，變成了存股、ETF、美股、海外券商開戶等等。

分眾化的時代來臨

當年黃立行、Energy風靡全台的景象，有些人可能還記得；然而，近年韓團Blackpink的演出一票難求，它的成員各自叫什麼，替孩子搶票的父母可能都不清楚。這就是所謂的「分眾化」——讓某一族群如癡如狂的重要人事物，對另外一個族群卻毫無意義，甚至評價有可能截然相反，像是因政黨傾向而不同的柯粉柯黑、綠粉綠黑等等。

議題上的分歧也一樣，例如：廢死者認爲支持死刑者主張的「應報主義」已經過時，應採教育刑主義；擁護死刑者則從效率觀點，認爲廢死者忽略死刑的效果性，降低了犯罪成本，將權利損失從兇手轉移到不特定之受害人。

諸如此類的爭議幾乎無所不在。固然，相較於過去的一言堂，民主政體必然存在多元文化價值的爭議，不過，只要是基於理性的討論，民主目前確實是避免獨裁專制的最佳良方，儘管代價可能是會帶來一定程度的無效率與紛亂。

然而，當人們長期接觸如此大量且混亂的價值觀，便會感覺疲乏，漸漸形成一種漠不關心的態度，畢竟，每一則訊息都在竭盡所能地榨取我們的注意力，結果就是所有事情的權重都被調降，沒有哪個資訊是非知道不可，也沒有哪個資訊傳達的價值觀能立即改善眼前的生活。

在這個資訊爆炸與分眾的社會，資訊價值的下降遠高於人類的學習速度。**資訊量越是龐大，價值越是多元，個人能掌握的更是相對有限**，面對資本密集與技術密集的新社會，個人的力量卻越來越渺小，隨之而來的，是價值感的貧乏——什麼都好，什麼都可以，但是通通無法吸引我投入。

多元價值下的困境

「我不知道能做什麼，所以選了哲學系。」一位嬌小的年輕女孩說。

「妳家人不會反對嗎？」

「我才不管他們說什麼！他們講來講去都是那一套，我相信我會走出自己的路。」

「後來呢？」

女孩露出些許尷尬的笑容：「大學時代我很積極參加各種活動，當過社長，也辦了幾場大型活動，還很熱衷各種研習課程，我很喜歡那時候的自己。後來，參考學長姐的經驗與意見，決定當一個策展人。」

「策展人？妳要怎麼進行？」

「我知道自己經歷不足，所以先到法國進修……」

「去念書嗎？」

女孩沉默了一段時間，繼續說：「我本來是想到當地先住下來，適應環境，再去申請學校的，但不知道怎麼了……」她哽咽起來，我抬頭看，發現兩行淚從她臉龐流下。

「一下飛機，滿腔的熱情忽然瞬間消失，一個人感覺好孤單茫然。」

我才慢慢明白，她在台灣時，那樣積極的大學生活，事實上是充滿焦慮之下的多方嘗試，她在傲然選擇了家人反對的系所之後，一直想拿出成績，證明自己能夠在這個社會獨力生存下去，然而，她一直找不到自己想要什麼——每種事物都很新鮮，卻沒有一樣能讓她保持興趣。隨著畢業將近，她越來越著急，最後，把戰場延伸到遙遠的法國，在毫無準備的狀態下隻身前往。到了異鄉，她才終於撐不住，自信心瀕臨崩潰。

女孩的困境，正是價值多元化的社會下，越來越普遍的現象。不管是誰，任何人在同一段時間都只能做一件事，當可被選擇的項目越來越多時，不管要做出什麼決定，都形同於放棄了其他選項，然而，**要如何證明自己做出的選擇是最好的呢？**

「我在藝廊找到工作，但是做不久，撐了三個月，最後還是放棄了。」女孩猶帶哽咽，「家人沒有怪我騙他們，還是支持我。後來我去考戲劇研究所，指導教授對我也很好，但是我卻更茫然，念到第四年還沒畢業，又跑去考心理研究所，沒有一間錄取我，有一位面試老師還把我拉到一旁，說：『妳需要的是諮商，不是來考心理研究所。』」

後來，她慢慢體會到：自己沒有任何實務工作背景，很難有機會成為策展人，在因緣際會下，遇見一位自己崇拜的策展人，對方在戲劇系兼任，她不假思索就去報考了該校戲劇研究所。憑著一股衝勁，她又跨入了新的領域，然而，隨著實習經驗累積，她逐漸注意到：這位老師之所以成功，跟戲劇本身並不相關，而是老師圓融的社交能力與用之不盡的熱情。她開始反省自己：人生走來跌跌撞撞，先是靠家人，之後靠長輩朋友，不只沒有一技之長，連做人也不會……

「妳覺得自己要做到什麼程度，才叫及格？」

「不知道。我常覺得自己會的都是些沒有用的東西，認識的人越多，就越害怕，每個人都在各自的領域學有專精，只有我，根本不知道自己喜歡什麼、會什麼。」

儘管從理性上，誰都知道自己的人生不需要證明給別人看，但從感性上，在女孩堅決選擇哲學系後，父母竟然讓步了，女孩反而感到內疚：好歹自己該拿出點成績來吧？奈何求學階段都在備受保護的環境下成長，面對大學時期眼花撩亂的各種活動，她完全迷失了方向，越走越急，越走越慌，慌亂中任性決定到法國，鎩羽而歸，再次意外地被家人接納（應該也包含生活費的支援）。她知道家中並不是多寬裕，但是願意爲她而縮衣節食，更讓她深感愧疚，爲急於清償，認同的典範人物出現，她也跟隨了過去，卻從實習中發現，所謂社會上的成功，更多是來自圓融的待人處事與積極熱情態度，而這些都是她「自認」最欠缺的部分。

客觀上來說，女孩的能力一點都不差，畢竟不是每個人都可以在沒有規劃的狀態下到法國說走就走的，沒被提及的是背後的語文能力。從她大學主持活動、擔任社團幹部、學長姐的熱心指引、被指導教授賞識推薦，顯然她的人緣、談吐、熱情、執行力並不像她說的那麼差。問題是：成功追求到的一切，她都不認爲有價值，也就是受困於價值感的貧乏。在價值多元的社會，處處都有不同領域的能人異士，就這樣一次次擊垮了她辛苦累積起來的自信。

價值感逐漸貶值的時代

倘若時光回到五十年前，能夠通過大學窄門，某種程度就已經取得就業的優勢；更何況如果擁有碩博士身分，更意味著你將在某個令人尊敬的領域安定下來，找到自己的一片天空。同樣地，在工作領域也一樣，不管是到大企業、公部門尋求穩定，還是到小企業或新創公司找新機會，那都是一個辛苦卻充滿希望的年代。

然而，如今的價值感貶落是全面性的：從文憑、學歷、多國語言能力、電腦操作能力、演說能力、書寫能力、數學演算、工業技能、法律知識、醫學專業等等，都發生了同樣的問題，甚至有許多職位所要求的不再只是專業技能，還需要具備第二外語能力，甚至是學校根本沒有教過的協作能力、良好的溝通力等等。在人們因為無法確保自身價值而多元學習之際，造成了大量內捲的狀態，先是產生了自媒體、知名度高者通吃的現象，隨後又迎來了YouTuber、IG創作者日漸經營困難的處境。

在其中，**特別是受到開明的教育、在良好家庭中長大，一路表現優異、學習能力強、對於異己包容度大的年輕族群成了「重災區」**——不分男女或社會階層，他們在求學過程中學會了彼此尊重，同理他人，比其他同輩更有安全感與好奇心探索未知的領域，關心社會問題、貧富差距、種族問題、環保議題、同志議題、性別平權等等，也更能尊重多元文化。

然而現實是，這些關懷並不會立即增添他們在社會上的競爭力，政府也不會給予福利或減稅優待，反倒是在沒有任何優勢下，他們需要耗費更多的心力在各種議題的思辯與自我實現上。倘若以一生的尺度來看，或許他們會因爲更好的彈性與嘗試能力，而擁有一個更滿意的人生，但在短期之內，優勢並不顯著；擺在眼前的，是需要耗費更多精力在龐大的選擇、反思、堅持、自我認同與被認同之上，只要他們在生活中沒有辦法達到平衡，這些特質就可能會成爲一個負擔。

「我好羨慕那些家境不好，或是父母選擇佛系教養的同學。」一個大四男生說，「我注意過，那些家境不好的同學，向上求生的動機特別強，他們很積極找出路，一大堆『不得不』催促著他們向特定方向前進，儘管無奈，但方向一旦確定，獲得成就感的方式也會變得更明確。反觀我的直升機父母，從小每樣事情都幫我們打點好，吃飽穿暖、選好才藝班，每天關心我過得怎麼樣，只要回家表現出不開心的樣子，爸媽就緊張兮兮的，擔心我是不是在學校被霸凌？他們是不是那裡沒做好？他們給了我很好的環境，自由去發展自己喜歡的東西，甚至沒有過度要求我的課業，只希望我能做自己——但是自己是什麼？我是誰？其實我根本找不到。我看了很多書，想了很多，也什麼都學過。以前別人常說我想太多，我總會激烈反駁，最近反而開始動搖了。就算關注重要的社會議題、思考人爲何而活、追逐所謂的眞理，然後呢？到頭來還是要去找工作、必須想辦法養活自己，不然就要吃家裡，我知道就算不工作也不會餓死，但是我不想這樣，總不能每天打電動吧！」

就如前所述：辛勤一代給了孩子良好的環境，創造了一個個能夠獨立思考、擁有自我觀點的人，卻沒有辦法給予他們偉人的稱號、皇室般的貴族菁英禮遇或民衆的景仰。這個年代裡，**抽象思維的價值感已經流失了，人人都得在自由市場中找到自己的定位，想辦法活下去。**這就是爲什麼，受過良好教育的一代，價値感的貧乏也最爲嚴重。

Chapter 3

富足的煩惱

當我們有過失去的經驗，

被背叛、被批評、被霸凌、遇到生離死別等等，

就很難全然相信「擁有」會永恆持續，

而不安感會遺留下來。

富足的意義就是「擁有」——擁有財富、擁有青春、擁有美貌、擁有良好的人際關係、擁有感情、擁有親情、擁有知識、擁有健康等等。人類想擁有的事物很多，爲了滿足慾望產生的動機，才能驅動社會正常運作。在多數人的想像裡，慾望滿足——也就是眞實擁有之後，理當會感覺到幸福與快樂，實際上卻不然：擁有本身也是不快樂的源頭之一，與匱乏不同的是，**擁有產生的「煩惱」多於痛苦，「焦慮」勝於憂鬱。**

爲什麼擁有會產生煩惱呢？有三層原因。

第一層是：「擁有」的狀態是會改變的，每擁有一樣事物，就多一分「失去」的可能性，比方說，事業成功，將來必然有經營失敗的危險；財富越多，也就有喪失財富的可能；英俊貌美，就會擔心年老色衰的到來；買一棟新房，自然會擔心漏水、建商偷工減料；買一輛新車，就擔心失竊或撞壞；現在身強體壯，依然得上健身房才能繼續維持。

第二層原因是：「擁有」會將你與他人連結在一起，讓你「在乎的範圍」擴大。例如：擁有親情時，家人遭遇的各種問題同樣讓你掛心；人際關係良好，朋友碰到的問題也成了你的煩惱，同時，人情壓力、流言蜚語也更多；越是聰明、視野越廣，所洞察到的社會問題就越深，也越會感到自己的渺小與無力。

第三層困擾：「擁有的不快樂」，則可以說是第一層的延伸，倘若你透過關心而產生的連結都變得無所謂，例如：不在乎家人生死、朋友感受、弱勢者苦難等等，那麼煩惱也就消失無蹤了。所以，關鍵還是要回到第一層原因來看——**因為擁有的狀態是有可能改變的**——不管是自己的，還是別人的。講得直白一點，有過失去的經驗與痛苦，不管是失戀、被背叛、被騙、貧窮過、被人瞧不起、被批評、被霸凌、遇到生離死別等等，這些經歷過後，人就很難全然相信「擁有」會永恆持續下去，記憶即便淡了，不安感依然會遺留下來。

許多走過艱辛歲月的一代帶著這樣的不安，將期望寄託在下一代身上，以爲豐饒的生活會讓富足一代在不知人間疾苦中長大，然而，卻沒想到自己的言行，像是：控制慾強、暴躁易怒、夫妻爭吵、家庭疏離、粉飾太平、愛比較或抱怨、過度擔心等等，都會把不安感傳遞給下一代。

就算父母用盡全力，讓下一代在物質與心靈的富足中成長，最大限度減少「失去擁有」的不安全感。富足本身還是會產生更形而上[5]的煩惱，讓受苦者自己感到迷惘、難以參透其中的道理，甚至懷疑自己有精神病，也很容易招致旁人的誤解，還有人會批評他們單純是「身在福中不知福」、「窮得只剩下錢」、「不務正業才會整天想東想西」等等。

因此，接下來我們就要聚焦在第三層「擁有的不快樂」，也就是富足的煩惱，並細分成以下不同層面來探討——這是一種相當普遍，卻不容易被理解，也長期被忽視的問題。

選擇性——我每個都好想要

倘若有人在心理與物質豐饒的環境中長大，不知「失去」爲何物，他依然會煩惱，因爲一生中處處是叉路，不停要求他做出抉擇，例如：要讀哪間學校？選什麼科系？是否要出國深造？在國外工作還是返台就業？該體驗人生還是立刻投入職場？找什麼樣的工作？該離職還是繼續忍耐公司文化——條件越好的人，通常選擇也越多，而這串清單就會以倍數增長。

也就是說，有時候當你越努力，比方說，花了那麼多時間念書、考上好學校，有這麼多充滿發展性的未來等著你，卻也意味者你**每個選擇要付出的**

5　形而上，指的是無形，形而上學是因為無形之物超出了人類經驗可感的範疇，而不能直接透過感知所得到答案的問題，像是：神是否存在、自我的本質為何等等。

代價都越大，因為你必須放棄這麼多的可能性。

每一個選擇都有其利弊，選A就沒有B，選B就失去了A，即使折衷，可能好處都不如兩者，當然，壞處也相對沒那麼嚴重，但還是得做出妥協，沒有全部都能得到的方案。

「我很想答應朋友的邀約，一起去打工度假，畢竟青春就這麼一次。家人說我決定就好，他們都支持，但越是這麼說，我越覺得不能辜負他們的期望，一定要趁早做出一點成績，卻也同時覺得一旦年紀大了，就沒有

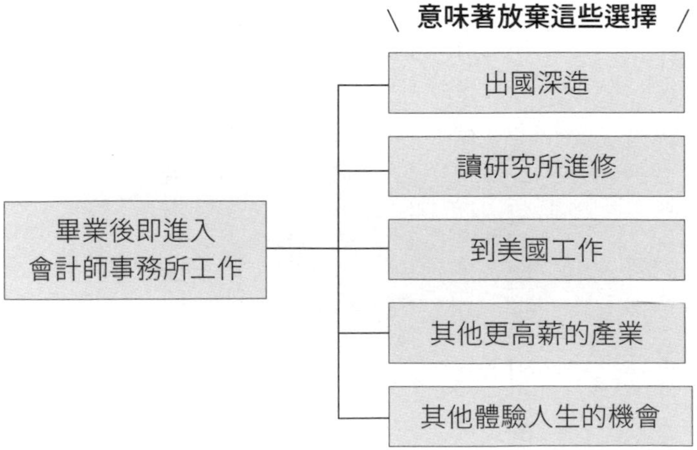

太多時間和體力可以享受，那樣賺再多錢又有什麼用？」一位二十多歲的男性，苦惱著如果自己安分地在畢業後進入事務所當會計師，是否就代表放棄了其他可能性，以後也不一定能再有出國打工度假，或繼續讀研究所的機會。

在這些選擇之下，我們犧牲了什麼？

「當我還在渾渾噩噩度日的時候，身邊那些上進的同學早就被大公司錄用、考取了各種證照，往自己設定的目標邁進，只有我什麼都不如人，毫無競爭力，真不希望三十年後的我，爲自己的一事無成而陷入懊悔。」

擺在這位二十多歲男性眼前的，一個是「活在當下」，另一個是「人生有成」。倘若他是個在乎社會主流價值的人，卻選擇了及時行樂的生活態度，即便三十年後他依然衣食無缺，可能也會因爲其他同儕的傑出表現而擔心自己庸庸碌碌一生；反之，如果他是個熱衷生活、追求存在意義、想體會生命美好的人，卻選擇了追求世俗功名成就，他同樣會感嘆：「賺得盆滿缽滿，贏得了社會和眾人的掌聲，卻犧牲了生命中其他的精采與感動，為的又是什麼？」

尷尬的是，當他站在二十來歲的時間點，他並不知道自己將會成為什麼樣的人，追求的是什麼，更不知道未來的社會歷練會如何形塑他，但他當下就必須做出抉擇，而且在做出抉擇的瞬間，就意味著走上了其中一條路，另一條路便從此隱沒，再也無法回頭。

這不是「太好命」才會面對的問題，而是只要**「有所選擇」**就必然存在的困擾——財富也好，知識也好，能力也好，只要條件足夠，讓你有所選擇，我們就得持續為那不可知的命運而煩惱，並在未來的某一刻，為自己不曾走過的路而感到遺憾。

以是否該結婚為例，走入婚姻意味著建立連帶的人際關係、身分迎來劇變、職場負擔加重，以社會現況而言，加諸於女性的義務與不利條件更是難以勝數。大家都說「婚姻是愛情的墳墓」，耳邊也聽過太多離異、劈腿、外遇、家暴等風險事件；那不婚呢？同樣有一生無伴、孤老終生、遭逢重大變故時無人救援等困境縈繞眼前。我們既不知道婚姻之路是否真的能通往幸福，也不確定自己可否像某些人一樣縱情享受單身生活，更不知道未來是否會發生足以改變一切的意外。然而，我們一樣被迫要憑藉有限的資訊，不停做出選擇，就算不想做決定或繼續拖延，仍舊是一種選擇。

相比之下，幾十年前，當上一代人還在為生存奮鬥，教育尚未普及，社會風氣保守，「男大當婚、女大當嫁」的觀念深植人心，是否結婚的困擾並不普遍（當然實際上，若盲目走入婚姻可能會帶來更多痛苦）。隨著教育程度提升，個人與女性意識覺醒，人們透過知識取得選擇的權利，知識富足的困擾也就隨之產生了。

多元化的社會，讓選擇更為困難

若某些孩子從小成績表現越好，能選擇的學校越多，對他們來說，要做出選擇就越不容易，因爲所放棄的可能性也越多；長大後，當一個人能力越好，可以選擇的工作機會越多，因爲沒選擇的工作所損失的機會成本就越高昂，倘若沒有經濟負擔，而興趣又多元，那更容易造成選擇障礙。甚至，近年來已經有學者在探討，社會越多元，越能包容更多不同的意見，年輕一代就越迷失。因爲不管主張什麼，都會被接納，反而讓年輕一代更沒有存在感。

「我好羨慕三毛。我看過她的書。文筆很好。不過……」一位經營YT的年輕女生說，「倘若她活在今天，以她行銷自己的能力，粉絲可能不到一萬。」

這位女孩的個人看法，在此我不做評論。然而，資訊爆炸卻是事實，背後反映著**選擇多樣化後，逐漸消失的個人存在感。**

知識如此，資訊如此，經濟條件也如此。正如有人經常說「貧窮限制了我的想像」，反之，一日「富足」解放了年輕世代的想像呢？伴隨而來的多樣化選擇，以及各式各樣的煩惱，也不是那些只能背水一戰、別無其他可能的上一代所能想像的。這群更有知識、有足夠的條件、更有國際觀、更具思辨力的心靈，跟任何一代的人類都一樣無法預測未來，卻被寄予更高的期望，時時刻刻得在無數可能中做出抉擇，並且同時否決其他的可能性，日復一日。

「市值型ETF比較好？還是高股利ETF比較好？」、「買房背債等增值？還是當個租屋族存股更有利？」、「要不要結婚？該不該生小孩？」、「文組的起薪太低，要不要盡早轉職，乾脆去當工程師？」、「留在美國工作好？還是回台灣好？」

懂得越多、爬得越高、長得越英俊漂亮、人際關係越好、越有經濟條件，等候他們決定的選擇就越多，儘管不同社會階層與不同生命階段都有各自的困擾，但相同的是：每位發問者都在自己的「此時此刻」，飽受了知識、財富、能力等各種資源富足的煩惱。這種煩惱不會因為擁有更多而消除，即便富有如馬斯克也一樣。因為這些衍生出來的煩惱，都出於眼前的眾多「選擇」，來自難以預測的「未知」，源於人性中最深沉的本質：貪婪和慾望，每個人都無法輕鬆擺脫。

被投擲性——是誰把我丟在這裡

為什麼你會成為現在的樣子？為什麼你有這樣的父母？為何你有這樣

的個性？爲何你會遇到這樣的處境？

「我怎麼能怪我媽？是她把公司努力撐起來的，就算因爲有憂鬱症狀而情緒不穩定，她也已經用盡全力在照顧我，她不是故意的，但我小時候有一次她打電話回家，說她要去自殺，再也不會回來……當時的陰影我一直忘不了。」

一位三十出頭的男性創業者，在遭到女友拋棄後，每天不斷上網購買衣服，只要看見欣賞的男藝人或模特兒身上的名牌衣飾，就千方百計一定要買到，每個月都刷爆信用卡，卻有超過一半的包裹完全沒拆封。

這位男子有個脾氣穩定、略爲怯懦的父親，和一位精明能幹、卻不斷抱怨丈夫不成材的母親。兩人幾乎天天吵架，直到父親經商失敗，回家當家庭主夫，媽媽外出工作，反而事業越做越大。當夫妻倆不再吵架後才發現：身旁一直最貼心、表現最好的小兒子，內心早已千瘡百孔。充滿愧疚感的母親想補償他，兒了卻什麼也不要，堅持要離家獨自創業。

「我媽小時候家裡窮，她又是老大，全憑她一個人扛起了重擔。但她在家時情緒暴躁，說翻臉就翻臉，事後又會抱著我哭。我能體諒她的辛苦，畢竟這不是她自願的，如果可以，她也說希望我能在一個溫暖、有安全感的家庭長大。」男子略帶哽咽地說。

「我一直以爲只要我成功，就能忘掉這一切。近年來，公司的規模越來越大，心情卻越來越差，又受到購物癖所困擾……」

「你的問題不是購物癖。而是恐懼自己像父親，成爲前女友口中沒有用的男人。」我說。

「但我又能怎麼樣？」男人愣住了，「心理師也跟她（指前女友）談過好幾次了，她要的是一個開朗、外向、有男子氣概、笑起來陽光、像大樹一樣能接住她所有情緒的男人，但我就不是如此啊！」

「你原本以爲只要創業成功，她就會欣然接受你，當你成功那一刻，卻離開你，你也因此陷入了絕望，感覺一切彷彿回到小時候，母親責罵著父親，而你只能無助地縮在一旁。你太在乎前女友，渴望她的愛，卻又無法得到。」

「難道不夠豪爽、個性太敏感、情緒不夠穩定的男人就活該嗎？倘若這是基因造成的，那也不是我能夠決定；如果這是成長環境導致，那一樣不是我能改變的。在理解到這一切的時候，我的個性、行事風格，甚至身高、長相、性別通通不能自己決定！沒有人問過我，就把我生下來，丟到這個世界上，我卻必須概括承受這一切。就像接下了別人打到一半的牌局，不管好牌爛牌，都得繼續下去。然後我還得爲結果負責。」

在倖存者偏差之下，忽略了「人生並不公平」

上述故事中的男子所控訴的，正是所謂的「被投擲性」：沒有人知道自己爲什麼會是今天的模樣，有這樣的個性、身材、長相、偏好、身家背景等等，就連許多人經常強調的「自我意志」，在命運面前，也是一種被事實篩選之後的結果——在倖存者偏差下，成功者傾向於誇大意志的重要性，特別是自己的意志；而失敗者容易忽略意志的價值，甚至完全放棄，直接躺平。

在成功者的傳記或描述成功人士的媒體報導當中，通常會用較少（甚至幾乎沒有）篇幅來介紹自己的家世背景與成長環境的優勢，相對地，作者更樂意**將成功歸因於自己的努力與重要抉擇，因為這會帶給當事人更為滿足的經驗。**然而，有太多的成功要素，甚至是運氣，都潛藏在先天環境的養成之中，諸如：對於藝術的鑑賞能力、階級認同感、氣質養成、人脈含金量、學經歷等，某些文化資本在生命早期就已經被決定了。

以破產六次的前美國總統川普爲例，能夠讓他反覆站起來的原因絕對不是他「永不放棄」，而是他從名校出身到從商以來累積的名聲、個人魅力、龐大人脈與商業實力，沒有這樣際遇的人，就算有其性格與意志，也無法複製成功經驗。

被迫接受眼前命運的我們

「被投擲性」不能跟「投胎運氣」畫上等號，因爲即便在旁人眼中欽羨不已的人生勝利組身上，依然存在著被投擲性的困擾，甚至更爲嚴重，因爲「手氣不好」的人們可以有努力的方向，例如：取得專業技能、努力致富等等，藉此來改變自己對於被投擲性的無奈；那麼，生來一切都有的幸福孩子呢？他們可是連抱怨、痛苦的權利都沒有。

一位男生就說過：「爲什麼所有人都認爲我們一定過得幸福又快樂呢？金錢的效用是隨著邊際效應遞減的，當什麼都買得起的時候，錢就沒有意義了，我不想跟他們（指他的朋友）比來比去，那不是很膚淺嗎？我知道有人很厭惡父母叫他們當醫生、律師、會計師，將來接醫院、事務所什麼的；也有人很討厭父母叫他們接班，或留在國外不要回來。但父母只對我說『你想做什麼都好』，這下更慘，沒有人要求我一定得做什麼，但我又找不到特別感興趣的事，每天都覺得很煩躁，沒人能訴苦，根本不知道怎麼面對未來。」

看過韓劇《魷魚遊戲》的人應該有印象，那個神祕組織幕後主使人李一男所說的話：「極度有錢的人跟身無分文的人一樣的地方，就是生命索然無味。」被投擲性將我們錨定在某個角落，卻沒有辦法給予任何理由、任何交代，我們只能被迫去接受這樣的命運。

匱乏像盞捕蚊燈，誘捕著生物依照本能前行，富足的生活卻會掩蓋這道光，削弱蘊藏於人類渴望中的野性與自由，凸顯宿命的事實，讓人更加清醒，也更是無奈。

「所以，你根本不需要壓抑對母親的憤怒。」我對著先前那位三十幾歲的創業男子說。「關鍵在於你篤信世界只有一種價值觀，包含：男人就要剛強、爽朗、值得依靠。從女性主義的觀點來看，男人爲什麼不可以像你這樣敏感、情緒化、多愁善感、討好、富有同理心？」

「敏感、討好、多愁善感有什麼用處？」男子直接地問。

「你的事業之所以會成功，不就在於你能掌握每位客戶的需求，細心地接納他們的情緒？沒有討好的性格與同理心，你辦得到嗎？媽媽帶給你的傷害，經過時間淬鍊，反而成了你脫穎而出的關鍵。偏偏你又時時刻刻擔心成爲媽媽口中的廢物。前女友要的或許只是你看見她，並欣賞她的成長，而你裝闊給她的禮物，她都不要。」

「那我應該怎麼做？」最後我建議他，試著欣賞自身的命定，並且善用它。拿到什麼牌，就繼續打下去，並以此爲榮。當你接受自己、擁抱生命中那些不完美的瞬間，就超越了命定的極限。

時間性——青春有限而不可逆

「學長，我很焦慮。不知道自己該做什麼。」一位學弟問。

「事實上，我什麼都可以做。大學時，就已經雙主修法律，現在又覺得是不是該繼續進修，拿一個美國會計師執照？還是依照醫院安排，出國念個臨床醫學博士？」

「你家裡的態度是？」

「他們完全支持我，從以前就是。我本來只學鋼琴跟圍棋，後來小二時想學學小提琴，小三加入田徑隊，小四又參加了英語朗讀比賽跟作文比賽，他們從沒說過半句反對，通通答應，最多只會叫我多休息，不要太累。」學弟滔滔不絕地自顧自講下去。

「小六時，我說不想念私立學校，沒有必要爲了升學去念私校，爸媽也說好，國中我參加管弦樂團，本來還想加入籃球隊，但是因爲練習時間太多，就自己退出了。我對課業的要求沒有太嚴格，大概設定在全校前十名而已，一直到高中都是這樣，甚至有時候排名還會下滑，但掉不多，所以還能當你學弟。對不起，今天講話比較直接，可能是因爲學長的關係，對外我就不敢這樣，會被罵。」

聽到這裡，我笑了，「是沒關係啦！我只是有點好奇，你參加的活動有點多，怎麼回事？」

「我也不知道。我總是會覺得如果現在不做點什麼，以後就來不及了。到現在還是一樣，什麼都想學，PGY結束時，每一科都想留我，但我每一科都想走，也開始覺得自己有點不對勁。感覺出現了一些焦慮反應，還有交感神經亢奮的現象。跑精神科的時候，人家說我有病，可能是亞斯或輕躁症，我不知道是開玩笑還是說眞的，但現在覺得有點迷惘，而且也漸漸體力不支。不知道學這些東西要做什麼，學了又不能同時使用，我要的又是什麼？一年一年過去，內心似乎越來越著急……」

輕躁症是一種近似躁症的現象，但它本身並非疾病，除非跟重度憂鬱症合併出現。經過瞭解，這位學弟在健全開明的家庭長大，父母都在大學任教，還有一位是相當資深的醫學中心醫師，屬於典型的上層中產階級。他的成長路上，並未受過什麼嚴重的創傷，同儕關係普通，多數侷限在課業交流，少有談心的朋友。父母對於他跟弟弟的教育採取開放的態度，並不會特別要求成績，唯一比較特別的，就是他從小便是親朋好友注目的焦點：聰明、好奇、反應快、自動自發、表現傑出。

因時間的流逝無法停止，而隨之出現的負面情緒

「我總有一種感覺：時間有限，我不能浪費，一旦錯過，就再也無法重來了。所以要把握好每分每秒，做更多事情。這個感覺從很小時就有了，

我很擔心事情沒做好的話，將來會後悔。」

「那你做了這麼多事，應該不會後悔了吧？」

對方沉默片刻。

「不知道爲什麼，我還是有很多後悔的事情，想著當時如果不是那樣做，或是換一個方式做會更好。你說得對，我害怕的就是後悔，每天都擔心若沒做點什麼，時間就白白浪費掉了，我最不能接受的就是這個。從來沒有人逼我，或者告訴我必須做哪些事，但爲什麼會這麼焦慮？」

「反過來說，你覺得做到什麼，時間就不會白白流逝呢？」

這次學弟安靜了很久。

「我知道你要說的是，不管做什麼，時間都會流逝；但我覺得自己的問題似乎就在於『時間』，我就是不能容忍它流逝，對！我很害怕時間一分一秒流逝的感覺，是不是因爲時間成本太高的關係？每一分每一秒對我而言都很重要，而讓人承受不住它消失？」

他很快就發現了，問題在於他的時間成本太高。學弟有一對在社會上備受尊敬的父母、人人稱羨的背景、願意支持鼓勵他的親友、開明的家庭教育、沒有壓力的成長環境、絕頂聰明的腦袋、多才多藝的表現、順遂的生命故事、充足的經濟條件，他想做什麼就能做得到——甚至多數人覺得艱難的學經歷對他而言也只是探囊取物。

在這種智力、反應力、才華、社會地位、經濟條件等極端富足的條件下，他的時間成本變得非常昂貴。簡單來講，老一歲就是他的流金歲月少一年，上天賦予他的所有美好都不會再回來，明天之於他，只會更老，不會更好。猶如漲停板開出的股票，最多就是維持到收盤，沒能繼續保持下去，等著他的就是下跌的命運；反之，生命故事有缺憾的人們，每過一年，就是減少一年苦難，在痛定思痛之間，多的是自我檢視與修復的時間，反正仍有谷底反彈的機會，退無可退。

當然，上述的例子比較極端，但是對於富足一代來說，又何嘗不是如此？遠比辛勤一代更為優渥的環境、擁有高學歷、參與各種校外活動、受到眾人擁戴……然而，不管你多麼努力，最美好的那一刻，也就是我們的青春歲月，都有如青鳥一樣，一去永不復返。

「匱乏」指導著人類忍住痛苦，勇敢邁向未來；「富足」卻讓這份勇氣喪失意義，千方百計想留住此時此刻的美好，這份焦慮感，相當難排解——甚至連當事人自己也無法理解。

人們只知道要不斷努力，繼續進修，取得更亮麗的文憑，把事業越做越大，讓成就累積得越來越多，但是，不管再怎麼積極行動，都無法避免今天的美好變成昨日的回憶，最後留下來的，只有悔恨而已——或是相反地，乾脆放棄，直接躺平。

存在性——我是什麼樣的人

「你是什麼樣的人？」

被問到這句話時，多數人會直覺地開始回想：過去別人說過自己怎麼樣的各種記憶片段。接著，一大堆描述性的詞語就會出現，例如：「我是一個脾氣滿好的人」、「我的個性很倔強」、「太相信別人，沒什麼防備心」、「很容易衝動行事」、「同情心氾濫」之類的。

這些描述來自於別人對你的觀察，形成你對自己的瞭解，如同想像有一面社會的鏡子，預想別人會怎麼看你，因此，長久以來，這個自己被稱爲**「鏡中自我」（looking glass self）**。

然而，我們都聽過一些傳說，像是「被狼養大的孩子」，倘若眞有此事，這些孩子會如何看待自己？而那些現實生活中，雙親都是聾啞人士的孩子，成長經驗裡缺乏與父母口語上的交流，他們對自己的認識會有所不同嗎？電影《大地的女兒》（*Nell*）講述了一位中風的母親獨居山林裡，並撫養一位女孩長大的故事，不過，如果這些事發生於現代社會，在目前的福利制度下，會透過社工、居家訪視員、學校老師的介入，大幅弭平這些孩子與其他人的差距。畢竟，孩子仍會在學校中與他人進行社會交流，況且，當他們學會用手語跟父母溝通後，互動也不再成爲顯著的問題。當然，家庭弱勢造成的同儕歧視，還是會留下一定程度的陰影，這通常也是諮商的主因之一。

因此，眞正的困境經常會發生在高風險家庭。例如：父母一方或雙方失業、入獄服刑、家暴、兒虐、經常衝突、離異等等情況的孩子，在未得到適當社福體系介入，或是有其他特殊狀況，像是自閉、亞斯、過動、過度敏感等問題，在學校又遭遇同學霸凌、排擠，或受到老師不友善的對待時，他們對於「我是誰？」、「我是一個什麼樣的人？」之類的自我認同障礙，就很容易浮出檯面，而表現在行爲上的，就是情緒高度不穩定、衝動、無法信任他人，甚至有自殘的傾向。

看似是勝利組的人們，依然有嚴重的生存焦慮

然而，有趣的是，我們經常可以看到光譜另一端的例子。在各方面都被滿足的人生勝利組當中，也會發展出一種對「存在性」感到困惑的狀態。

「我知道大家都很愛我，很照顧我也關心我，不管從物質還是心靈層面上來看，自己都算是個幸福的人。然而，總覺得有一些問題，別人沒辦法懂，就算提了，也只會被說想太多……」一位年輕的男大學生說。

「要不要舉個例子？」

「這些念頭通常來得很快，但是一下子又忘記了。」男生思索半天，「就像你還沒進來時，我坐在沙發椅上，腦袋不停地想著：爲什麼我要來諮商？諮商前的我是誰？如果等一下我被你影響了，那麼之後的我又是誰？我還是我嗎？」

我正思索著該如何回答，這位大男孩就連忙說道：「我知道這很無聊，也很好笑，請你不要誤會，我是認眞的，我眞的不斷被這些問題困擾，而且困擾很多年了。」

「這些想法，大多會在什麼時候冒出來？」

「任何時候都會，特別是晚上。通常，只要一個人待著，腦袋就會開始轉個不停。有時，想到我自己都覺得煩了，不知道該怎麼辦才好。」

「那時候，你會怎麼做？」

「我會找朋友聊聊天，或是看個影片，就能暫時不去想。但是，一旦回到一個人的狀態，又會開始想東想西。」男生彷彿想起什麼，「我最常想自己是一個什麼樣的人？將來適合做什麼工作？過什麼樣的日子？然後，又會停下來反問自己：現在我所感覺到的一切，包括我眼中的自己、自以爲喜歡的科系、想去的地方，或是將來想做的事，會不會全部都只是自己騙自己？」

我約略釐清了他的困擾，也排除了妄想與強迫症狀的可能性。多數人對他的煩惱往往會直覺反應認爲：「吃飽了沒事幹。」事實上，這句話說對了一件事——回到上古時代，人類當眞得「吃飽了」才能想這些形而上的問題。在部落時代，人人都得耕作，爲了生存下去而努力，即便有閒暇時間，也經常被集體的祭典與活動所充塞。只有在帝制時代，權力集中，統治階級出現，部分人力才得以閒置，當不事生產的智者仰望星辰，思索自己與宇宙的關係，便衍生出了曆法；有人改良了農業技術、發明器具、探索萬物……於是智慧與文明一點一滴累積，直到啓蒙運動、工業革命、近代科學的發展，才漸漸迎來了我們至今爲止的一切。

科學解決了相當多的問題，卻無法回答「我是什麼樣的人」之類的形而上課題。在過往資源匱乏的年代，社會大衆普遍爲生活而掙扎，不會「吃飽沒事幹」去理會這類看似無解的問題，人們急著習得「有用」的專門技術來改善生活。等到財富累積之後，在資源富足的條件之下長大的新世代，自然再度有能力對此發問。

試圖瞭解自己，正是智慧、敏感與富養下的必然結果，即便過程會帶來苦惱，本身並不意味任何人的錯誤或「表現不好」。

「我是什麼樣的人」成了富足一代普遍的煩惱

「聽過本質先於存在嗎？」我對男孩說，「當你發問『我是什麼樣的人』時，你就是在詢問自己的本質。正常狀態下，我們面對世界萬物，本質都先於存在——以你就讀的科系來說，天文學家透過星光中的光譜與不同波段，就能分析各種恆星的遠近、代系、生命週期，然而，我們並不知道這些星球是否眞實存在，還是像《一級玩家》或《駭客任務》，一切都是電腦虛擬出來的？但是，不能確定『是否存在』並不影響我們對本質的掌握，對吧？」

男孩大概從沒遇見有人這麼正經地跟他討論這一類的問題，張大了眼睛望著我。

「同樣的，你去ＩＫＥＡ買桌子，拿著型錄進行各方比較，事實上，就算所有產品都尙未生產，也不妨礙你比較不同桌子之間的差異。人類的意識讓我們能跳過存在，直接掌握本質，這就是所謂的本質先於存在。」

「然而，這樣的思考方法碰到你的問題『我是什麼樣的人』就行不通了。因爲人類從出生的那刻就存在了，透過後天的教養與學習，才越來越顯露出其特質。隨著年齡增長、所學越多、社會歷練加深，我們也越來越能爲自己定義特性。只有到死亡的那一刻，才會知道他完整的本質，然而，那個人也不復存在了。」

「可是，你們不是每天都在分析人的本質嗎？」

「我們分析的，是過去到此刻的你，然而，明天的你，永遠有能力改變過去所發生的一切。就像一個遭遇排擠、霸凌或各種不公義對待的人，當然可以用暴力去殺死傷害他的人，而後坐牢；他也可以選擇把憤怒轉化爲奮發向上的動力，最後成爲一個實現自己夢想的創業家。他心中那道傷口也許永遠不會癒合，多年以後仍然隱隱作痛，然而，這兩個他，卻有著截然不同的人生際遇——人們總能不斷改變自己的本質，因爲有明天，因爲還有選擇，我們永遠無法斷言一個人會是什麼樣子。」

「那爲什麼只有我會想這些有的沒的，而別人不會呢？」

男孩的問題其實發生在很多人身上，一開始大家都會想東想西，只是隨著社會化，慢慢遺忘這能力而已——在社會的活動中，有部分講求團隊合作，如：籃球、足球等；多數則側重於競技，無論是團隊還是個人的比賽，如：才藝表演、班級競賽、學業成績等，個體終究會被人群所包圍，而漸漸遠離了內觀[6]的自我。合作也好，競爭也好，活在社會上，免不了要與其他人發生大量互動，**透過從眾效應，群體性會對個體性[7]產生制約**，人會漸漸遵循社會的明文規範與潛規則，也因此形成了社會運行的基礎。

當社會越富足，儘管競爭性增加了，同時，人們卻也會因爲教育普及與資訊取得容易，反過來對原有的社會規則進行反思，個體也就因此獲得了更多獨立發展的空間。然而，這些機會是有代價的：當一個人選擇做自己，不甘心臣服於人云亦云的教條，就得承受更多由此衍生而來的煩惱——因爲這些問題並不在社會的設計當中。

「好處是，你能站在明天來改變過去。正因爲超越了社會的教條，你會更經得起挑戰，不管過去如何，也無論將來發生什麼事，只要你繼續思考，持續煩惱，我相信，終將有個『未來』會對你開啟。」男孩聽完，淚水在眼眶裡打轉的同時，嘴角也露出了淺淺的微笑。我想，未來的他仍會遇到無數類似的煩惱，但這也一定能讓他通往某個地方。

脆弱性——會思考的花瓶

「不敢相信，這種事情會發生在我身上。」一位剛出社會的女孩說。

6 內觀（Vipassana）就是透過觀察自我而去觀察世間萬物，是印度最古老的靜坐方法之一，讓身心靈自我探索，目的是要讓我們的心達到平靜平衡的狀態，用平等的心去看待世事無常。

7 個體性（individuality）又稱個性，是指能夠成為一個個體的特性或是狀態。當每個人回到自己、回到內在，找到「我們內在實際保有的觀念」，就會認識自己的個體性。

「怎麼回事？」

「上週三晚上，公司的同事們一起去聚餐，有個同事坐我對面，大家都喝了點酒。隔天上班卻聽到了壞消息：當晚，他倒在自家公寓的樓梯間，第二天才被人發現，因為心肌梗塞……」女孩的聲音微微顫抖。

「幾天過去，他說話的模樣一直在我腦海揮之不去。我跟他並不熟，只是剛好當時坐在一起。他年紀頂多四十來歲而已，身材健壯，從沒聽說過他身體有毛病。突然就這麼走了。那個感覺我很難形容，很不真實，辦公室的氣氛也變得有點奇怪，除了公事，最近大家話都很少。」

「我媽說我可能生病了，請我來跟您聊聊。」女孩說，「媽媽說我跟他非親非故，酒大家都有喝，又不是我叫他喝的，是因為罪惡感嗎？好像也不太對，為什麼我會被這件事搞到整天恍恍惚惚，變得沒什麼胃口，而且注意力很難集中？總覺得自己真的被嚇到了，但是，怎麼會這麼嚴重？我也不清楚。」

當個體性越強，就越容易陷入過度思考

社會將我們緊緊連結在固定的人事物當中，共同的議題周而復始地發生，諸如：疫情、通膨、高房價、少子化、地震、地緣政治、無差別傷人事件、有學生因壓力而自殺等等，吸引著我們的關注，也讓人與人之間分享了許多相似的情感，一起焦慮、悲傷、憤怒、興奮、後悔。

然而，發生在身邊的死亡事件就像一把利刃，直接劃破了這個社會構築出來的豐富幻象，它讓我們瞬間意識到：生命是如此脆弱，不管你累積了多少成就，與多少人有所連結，在剎那間就可能消逝無蹤，沒有理由，不由分說。

自古至今，死亡的殺傷力都同樣巨大，從來不曾削減過，而有所改變的，是我們的社會文化結構。**個體性越來越強烈，在失去了集體性的保護後，個體需要花更多時間與精力在累積、擔憂與比較上**，無論身處哪一個社會

階層，時時刻刻都得面對龐大的選擇，以及選擇後好不容易掙得的一點充實感，然而，死亡的迫近卻動搖了這一切。

「您今天看我可能有點迷糊，以前的我不是這樣的。」女孩繼續說，「我一直都是個很積極樂觀的人，別人對我的評價也都是活潑外向，甚至還有人說我動作太快，會讓人有些壓迫感。」

後來，女孩講了一段出國留學的故事，也說明自己當時家中的經濟因爲父親爲朋友做保，公司營運一度出現問題，導致她在國外非常焦慮，不知是否該放棄學業、回來找工作。還好最後公司營運有了轉機，危機解除，她也就繼續完成學業，直到兩年前回來台灣，靠著自己的力量，找到了目前這份工作。

「妳有沒有觀察到，當我們提到這些，妳講話變得流暢了？不像剛才那樣結結巴巴的？」我問。

女孩想了想，詫異的點點頭：「爲什麼會這樣？」

「因爲當妳講起過往的煩惱時，妳根本聯想不到死亡。當時，妳只想著自己該怎麼做？該怎麼選擇，才會讓事情往最有利的方向發展。」

「說來奇怪。我也曾經煩惱到想死，卻不會覺得死亡有那麼可怕。」

「想死的念頭是妳在腦海中建構出來的，尚未造成實質的傷害；眞正的死亡是一切的結束，往生者的感覺我們無從得知，但周遭人的生活必然會被撕出一道巨大的傷口。說直白一點，倘若妳當時死了，妳親戚朋友就會深切體會到數倍於妳此時此刻的感受。」

女孩深吸一口氣。

「妳有沒有發現，即便不熟，只因跟妳有過互動，妳就受到如此大的震撼？那是因爲妳對他所有的記憶，無論是臉、身形、動作、言語等，如今都成了過去，而我們難以安頓這種『曾經存在，此刻已渺』的荒誕。」

被愛包圍的孩子，越容易感受到人的脆弱

「我們可以設想一個相反的情境：倘若他是國中霸凌妳的同學，或是一直欺負妳、嘲笑妳、看不起妳的親戚……」

「我沒被霸凌過，也沒有看不起我的親戚。」女孩插嘴道，「同學對我也都不錯。可能是我幸運吧！我的人緣還滿不錯。在我們家族中，我爸算是最有成就的，他很有擔當，很照顧弟妹們，長輩也都信服於他的話，對我媽很好，沒有人敢欺負我跟姊姊。我還是最受大家寵愛的那一個。」

我啞然失笑，「我只是舉例。如果有人非常行徑惡劣，比如說，用很糟糕的方式虐待流浪貓……」

「怎麼有這麼可惡的人！」

「我只是舉例……他如果死了，妳會像今天一樣難過嗎？」

「不會。」女孩斬釘截鐵地說。

「因爲妳對這壞蛋感到厭惡與憤怒，而這樣的負面情緒會把妳跟對方切開，讓妳覺得彼此是不同世界的人，對方的死活與妳無關。然而，妳是在愛中長大的小孩，能夠讓妳恨之入骨的人不多，在自然的狀態下，妳會因爲愛而與他人產生連結，接收到的愛越多、越飽滿，心也就越柔軟，人就越善良，與別人的連結便更強烈。一旦對方出事，導致連結斷裂，所受到的傷害也就會越深。」

「您的意思是說，因爲我是在足夠愛之下長大的小孩，所以，即使是與我不熟的同事過世了，我的感受也會如同他是我親人一樣？」

「看來妳理解了。」

這就是富足帶來的困擾之一：因爲愛，人命値錢了，不再可能像貧困或戰亂時代，死一兩個人不算什麼；每個新生代都在無數人的細心呵護下成長，在許多人的循循善誘下長大，在富足的資源與資訊中，建立起各種獨特的想法與未來，身上更是背負了不少人的殷殷期盼。對於終結一切的死亡，已經不是傳統上可以用宗教信仰或保家衛民等概念來解讀，而是更加鮮明且赤裸裸的權力展現，讓他們意識到：**即便自己擁有再多、思考再多、能飛多高、目標多遠大，終將像個易碎的花瓶，任何一個意外，就可以輕易摧毀這一切。**

這樣的焦慮，本來並不容易出現。然而，同樣因爲愛，人們的心變得更柔軟，更容易連結在一起。痛苦與煩惱雖然依然存在，但因爲可以被說出來，所以也能夠被瞭解、處理或治療，無須終身把心門深鎖，將心事壓抑一輩子。也正因如此，情緒很容易從別人身上流過來，結果導致了任何災難性事件，特別是大家熟知的人物發生的悲劇，很有可能會擴散到整個群體：不論實際上自己對於對方有多少瞭解，創傷所帶來的失落情緒會輕易以跨時空、跨領域、跨階層的方式流洩出去，迴盪交響在不同個體之間。

人生路上那些「永久的失去」

事實上，不光是真實世界中的「生理性死亡」會帶來這樣的創傷，在心理世界中，「永遠不再」的經驗也會帶來同等程度的傷害，諸如：與摯友絕交、和某些人從此不再有機會聯絡、與兒時玩伴漸行漸遠、在倒數計時中即將告別的一年、目睹漸漸衰老無法再相伴相行的長輩——那種永恆的失去，都會在驀然間驚醒因爲俗世生活而逐漸麻木的靈魂，就彷彿有什麼東西在自己身邊死去了一樣，甚至我們所留戀的，也未必是多麼快樂的經驗，更包含難過、失落與沮喪，只因爲千言萬語，都再也喚不回……

沒有任何人有資格嘲笑這群「易感世代」是草莓族、心理素質不夠強大。事實上，希望自己下一代能在資源富足環境中長大的，不正是這些「看不下去的人」嗎？我們給予了孩子近似天堂般的環境，期待著新人類能在快樂中成長，我們就得預期到這樣的結果：**人心必然趨向善良而更柔軟，因多愁而更善感**，這是必然的道理。新的思維有著包容多元價值的能力，有著繁複且生生不息的選擇力量，有著豐富的文化底蘊，甚至在剝奪一切的死亡面前顯得無比脆弱與倉皇，這些正是人性的昇華，而非社會的退步。

Chapter 4

超越痛苦與煩惱之道

富足的一代相較於過往，
在感受與思辯上，都超乎尋常地敏銳。
比起財富、社會地位、權力、位階，
他們更關切自己的存在，
思索著痛苦與快樂、生與死、
過去與未來等各種形而上的問題。

逆轉原有的思路，減輕焦慮感

在本章裡，我們要探討自古至今，歷代宗教家、哲學家、心理學家等，爲了克服痛苦與煩惱所提出的各種解方。由於有些理論過於抽象，本書會將之改寫，並具體化成可實際操作的方法。然而，延續撰寫此書的初衷，本章將側重在生活富足後，人們依然不快樂的部分，也就是前述「貧乏的痛苦」與「富足的煩惱」兩大現象。

必須強調的是，因爲每個人身處的情境不一樣，對於某些人來說有用的工具，對另外一群人可能完全不具備可行性，甚至，還會加重既有的負擔。因此，我們僅羅列出以下幾種方法，大家不必要求自己全部都要做到，而是從中挑選出適合自己的部分來運用即可。

富足一代容易執著在自己感興趣的議題上，跳脫不出來；因爲手足少，被父母關注程度相對高，有時會缺乏換位思考的練習機會；又因爲過於仰賴網路媒體，容易受到羊群效應影響，即產生從衆心理，比方說，如果許多人對同一個事件，在社群上發表相似的言論，就有可能會左右你的觀點與見解。

大家可以從以下三個方面，調整自己的心態，讓你跳脫出煩惱的迴圈。

1　暫時停止慣用的思考模式

不管你是面對工作、感情、人際關係、家庭、生涯發展，或任何方面的問題，在資源、知識、視野均充足的情況下，倘若竭盡全力，依然深陷困頓，找不到出口，不妨停下來，暫時先不要做出任何行動。

顯然地，你已經思考過眼前所有的要素，依舊動彈不得，此刻，急於想改變現況或繼續掙扎，可能都只會白費力氣，徒增你的挫折感，對人、對事、對關係都沒有好處。通常，會發生此現象的問題可能在於：

- 有一些課題躲在你認爲絕無可能的地方。
- 問題存在的樣態，遠超乎你的想像。
- 關鍵人事物尚未出現。

以第一點爲例。有個年輕大學生想跟大家打好人際關係，卻不太順利，成效甚微，眼見長相、身材、談吐平凡的人大受歡迎，卻唯獨自己難以融入。即使請教父母或師長，也只得到一個答案：「你要對別人好，別人才會對你好。」然而，越是討好別人，別人跟自己之間的關係越難找到合適的相處模式，甚至找不到話題。但是問題其實出在他從未想過的地方：朋友關係是建立在共同興趣之上，而非看彼此順眼，縱使讓別人對自己留下好印象，但你們之間如果沒有共同話題，便很難保持良好的互動，這不只是你能否善待他人的問題，也不代表你無法引起別人的好奇心、不夠有魅力，關鍵在於自己跟別人有沒有「相同的語言」。

以第二點爲例。有位年輕女子主持了一個工作計畫，卻窒礙難行，明知道組織內有些成員跟自己唱反調，主管也沒有和她站在同一陣線，而感到心灰意冷，不知該如何是好。倘若她能停下來，跳出原有的框架思考，可能很快就會發現：這個計畫根本就是部門搪塞上級的燙手山芋，當初的目的就只是爲了拖延時間、消耗預算，團隊裡每個人都心照不宣，唯獨自己狀況外，此時，有人會跟她一樣拚命投入嗎？當然不會！更糟的是，沒人敢私底下提醒她，畢竟那只能意會不能言傳。倘若不停止慣用的思考模式，反而會過度自責或變得怨天尤人，把事情的進展解讀爲自己能力太差、努力不夠、人緣不好、時運不濟——天曉得，問題根本不在自己身上。

以第三點爲例。有位剛畢業的女生爲了自己前途傷透了腦筋——留在家裡協助家業，父親的蠻橫不講理與不信任屢屢讓她氣到流淚；想出去找工作，又割捨不下年紀增長的父親。因爲找不到出口，在瀕臨崩潰、陷入憂鬱之際，前來尋求諮商，沒想到進行到一半，卻驚聞父親中風、公司群龍無首的消息，霎時，心中的鬱悶沒了，困擾也沒了，當下只能趕鴨子上架，再忐忑不安，都得硬著頭皮上陣、接下最高管理階層的工作。儘管後來父親搶救得宜，對行動影響甚微，然而，她的人生卻就此不同了。

問題也許會出現在我們看不到的地方；即便看得到，也未必能體會；更何況，未來時時刻刻都可能發生變化。我們需要的是**跳出框架，重新思考，學習等待**，否則，若深陷其中，繼續努力只會轉爲「習得無助感」，無法帶來明顯的助益。你可以徵詢別人的意見，透過其他觀點來重新架構問題；也可與朋友談心、甚至尋求專業諮商的協助；或等待時機，看看是否有改變的可能性出現。切勿孤軍奮戰，反覆在同一個問題上鑽牛角尖。

何謂習得無助感？

習得無助感是現代實驗心理學對於憂鬱症成因最強而有力的支持之一。源於一九七五年美國賓州大學心理系教授馬丁・賽里格曼（Martin E. P. Seligman）的一系列研究。簡單來說，從動物實驗中已證實：所有生物（包括人類）只要喪失自己對於傷害源的主控權，無法免除自身的傷害，就會漸漸從焦慮轉變爲憂鬱，放棄一切努力，不再嘗試、不想溝通、婉謝幫助，活在絕望裡——反正無法控制自己的生活免於受害，乾脆讓一切事情就這麼繼續「爛下去」吧。

2 同理場域內每個人的處境

面對職場、家人、朋友、感情等任何一個場域，同理你所遇到的一切——甚至是能想像到的每個人，包含他的想法、立場、處境，以及會產生這些的原因。

舉例來說，當面對一位怒氣沖沖、質問你的顧客時，該怎麼辦？你可以爲自己辯護，或放低姿態，也可以不動聲色，想一下對方爲什麼要指責你？更可以分析看看，爲什麼顧客的情緒反應會這麼激烈？

倘若你選擇爲自己辯護，戰場就在你身上。不管你想說什麼，最後必然得訴諸理性，說服對方，問題是，此刻的顧客能夠「理性地」聽你說話嗎？如果你選擇沉默、甚或道歉，那你該如何安頓內心的情緒？忍耐？告訴自己「這是職場常態」？倘若有效，那也就罷了，不過顧客未必會滿意——因爲你沒有站在對方的立場思考，更沒能回應對方的需求，即使你委曲求全，也不一定有用處。

然而，如果你願意花點時間與精力，去理解對方指控與憤怒的背後原因，或許，就有機會察覺到顧客內在的眞實心情：也許是尷尬（責罵到途中才發現自己搞錯了，不知怎麼收場）；也許是自卑（害怕自己預算太少，被你嘲笑）；也許是焦慮（第一次消費，缺乏經驗）。無論是何種內在需求，一旦發現了，你必然也會清楚：對方需要的不是道歉，而是讚美或肯定之類的情緒回應，給他台階下。

乍聽之下，保持同理心是件浩大的工程，然而，養成「站在對方立場思考」的習慣後，就可以長期運用在生活之中，隨著經驗累積，也能越來越輕鬆地發現關鍵，還可以不假思索地迅速切入重點。

這麼做的目的並非為對方的過錯找藉口，而是在**為自己的行動自由創造最大空間**。理由很簡單，在群體生活中，要執行自己的意志，最有效率的方式是透過間接權力——也就是得到眾人的同意，來影響群體。不管是職場、家人、朋友、感情等任何場域，重要的是讓大家接受你的想法，並在潛移默化之中，共同朝你的意志邁進；就算你想靠自己獨力完成，也無須讓任何人成為你的阻力，導致他們站在對立面，處處與你為敵。倘若不清楚其他人的想法、思考脈絡、立場與背景，即便是一樁美事，也很難透過大家通力合作完成；更有意外得罪人的風險——在缺乏互信的基礎上，一個無意識的眼神、動作或言語被解讀出嘲諷或冒犯之意的機率並不低。

不過，這個能力需要經驗的累積，更需要一顆好奇心。最高階的技巧是：當衝擊襲來，靈機應變的同時，能如靈魂出竅般從肉體中溜走，在一旁抽離地觀察對方與自己，提出理論，擬訂行動，小心施行，一旦推論正確，再繼續擴大理論架構；倘若發現推論有誤，則重新假設，來回修正，直到整個理論模型驗證確立，得到結論，像是：「她會這麼難過，跟上週被主管問責的內容無關，而是感覺自己的人格操守被懷疑」、「他之所以會把自己逼得那麼緊，不是因爲急於想賺錢，而是希望能向旁人證明自我的價值」。

練習用眼睛看，而不是用耳朵聽。這樣換位思考的同理訓練，等於在鍛鍊自己洞察的能力，有助於從人事物的表象上，看穿眞正在背後影響一切的本質。

3　養成對「警示性」資訊的質疑

隨著科技的進步，這個世代在資訊的取得上越來越依賴網路媒體，然而，網路資訊的真實性一直都是個令人擔憂的問題。早在二十世紀末，一些研究謠言的學者便發現，訊息跟生物一樣，存在著物競天擇的現象，越吸引人注意的、越讓人想分享的資訊，在人群中的生存能力就越強，不僅複製越快，傳播越廣，留存的時間也越久。不管權威團體怎麼澄清，訊息仍會像病毒一樣變種，更具感染力的版本會取代澄清真相的舊版本，快速填補原有的空缺，在受眾中繼續傳遞下去。

亦有研究指出，「警示性」是重要傳播特質之一——警告人們什麼地點、行爲、商品、使用方式等會致病、對人體造成危害之類的訊息，很容易引起人們的注意，並且對此留下深刻印象，進而增進分享的意願，特別是當訊息引述了某些外國權威人士或期刊文獻說法——即便該引用根本未經證實。

時至今日，這個「警示性」已經被廣泛使用在廣告與傳媒技巧上，大量刻意安排的「警告文宣」從主流媒體、網紅、廣告等多元角度，源源不絕地流入受眾視野，也普遍提高了現代人的焦慮程度，特別是原本就容易焦慮的族群，例如：初為人母的新手媽媽、要面對婆婆的新嫁娘、為孩童尋找教育機構的父母、規劃退休金的上班族、面對健康危機的壯年世代，無一不是各產業以「警示性」行銷的大好對象。

由於自媒體的興起，許多網紅的影響力已經足以左右相當多的受眾。然而，不管你欣賞哪些人或團體，一旦你在訊息傳遞中覺察到「警示味道」時，請記得提高警覺，最好有種「又來了」的感覺。

儘管如此，在面對警示性訊息時，還是可以分成兩類：一種是明白揭示商業意圖，但沒有明顯違和感，諸如：益生菌、葉黃素、芝麻明、葡萄糖胺等；另一種讓你覺得危險迫近，非當機立斷不可，諸如：重金屬中毒、失智、食物中毒等——事實上，台灣並非威權體制，在消費者意識抬頭的今天，不太可能有大規模受害者存在而被徹底消音或完全未受監管，過度強調危險，反而隱藏了更複雜的意圖在內，企圖透過「恐嚇性」來傳遞某種訊息。

以前者爲例，並沒有充足證據顯示「益生菌與過敏」有關係，或是「葉黃素對黃斑部病變的預防」有好處[8]，更沒有實證醫學顯示芝麻明和睡眠有關係。這一類資訊往往將現有的少量科學研究「擴張解釋」，如：治療變預防，擴大適用範圍，這其中明顯有商業動機，當然如果產品價格合理，經濟條件許可，即便是求心安，也不爲過。

然而，一些驚悚的傳言：「用鋁製內鍋炊飯會得老年失智症」、「吃安

8 治療黃斑部病變時補充葉黃素有益處，但不確定葉黃素是否能「預防」黃斑部病變。

眠藥會成癮，不如喝點小酒幫助睡眠」、「過動症藥物會毒害兒童大腦」之類的說法，就值得商榷了。畢竟，胃乳片有一半都是氧化鋁，敢吃胃乳片怎麼不敢用鋁製內鍋？一天到晚都有人因爲喝酒而得到慢性疾病，怎會有人相信酒精比安眠藥安全？現實世界中的社會不一定能給予那麼多的愛與包容，若要求過動症小孩不服藥，可能會造成被霸凌的情況更加嚴重。要注意的是，倡議者通常只強調自己主張的好，卻忽略了相對應的弊害或現實的不可能，無論是過失或惡意，我們都應該避免成爲這些錯誤資訊的受害者。

面對這些訊息，大家可以養成習慣，到「台灣事實查核中心」求證、在Google或ChatGPT查詢，或更直接地向專家詢問，特別是醫療或法律問題，往往都有免費公益詢問。

辨識錯誤資訊的四個基本原則

- **非商業性**。如果標榜「無商業性」、「純好意報你知」，這就要小心了。表示這訊息根本未經政府、消費者團體、媒體監管。倘若有商業性，但設計拙劣，頁面呈一頁式、來源爲海外、沒有留下即時通訊方式等等，那更要擔心是否爲詐騙。
- **內容非常驚悚，讓你心生恐懼**。這些訊息之所以會流傳，是因爲訊息本身的煽動性，不僅完全未經監管，更是攻心爲上的病毒性訊息。
- **資訊竄起速度太快，先前從未聽過**。或者在搜尋相關資訊時，發現在多年前也有類似報導，同樣廣泛引起討論之後，隨即消失無蹤。這類的特質與前一項相同，都是病毒性訊息的特質。
- **訴諸權威、名人言論，或是言詞誇張**。有些網路新聞的標題相當聳動，實則內容空泛，或者文不對題，文中的敘述有許多不合邏輯之處。

認識不同角色與關係的性質

朋友關係、感情關係、權威關係這三種是截然不同的互動模式，在社會上應對的是「同儕」、「伴侶」、「父母與長輩」，需要個體在成長環境中有適當的仿同對象才能夠發展完全[9]。然而，富足一代經常被直接「放生」到極爲複雜的社會中，像是在小家庭、隔代教養、或異地家庭裡成長，既沒有親戚、鄰居可以作爲仿同對象，忙碌的父母也未必有好友與其子女的聚會可供這一代學習社會化，在社會角色[10]與人際關係的適應上，出現問題的機率並不小。

人生就像一場單程的旅行。這個旅行團起初只會有你的家人、親戚與手足，慢慢地，進入同儕階段，團員就豐富了起來，有同學、同事、師長、前輩、未來旅行景點的老闆，當然，也會有心儀的人、想住進你單人客房的親密伴侶、想跟你一同趁半夜出去瘋一瘋的好朋友——這些將來都會依照與你的關係，一一轉化爲你的親密對象、至交、閨密、想做各種事情時就會一起去做的朋友群，甚至在你遭到小人構陷、遇到無妄之災時，會挺身而出，聽你說話、爲你發聲、藉由媒體或政治公衆影響力昭告全天下的熱心朋友。這些都是你的支持團體。即使有些人比較激進，會讓你心累；有些習慣情勒，會讓你感覺到虧欠；有些則是無條件支持你，就算認識你的時間不長，也依舊相挺你到底。要走完人生這個單程旅行，你不能沒有這群好友、益友、酒肉朋友、盟友，甚至是最佳損友，否則周遭風景再美

9 仿同作用（Identification），是指當個人在現實生活中無法成功或滿足時，特別是學習摸索中的兒童或青少年，會將自己比擬成其他成功的人，或在無意識中模仿或順從另一個自己崇敬的人或團體，以提高自己的價值感，例如：身邊的成功人士、崇拜偶像、閱讀名人傳記等，或者有些女孩喜歡和漂亮的同學當朋友，因為別人會稱讚她的朋友很漂亮。

10 社會角色（Social Role）指個人在社會關係位置上的行為模式。它規定一個人活動的特定範圍和與人的地位相適應的權利義務與行為規範，是社會對一個處於特定地位的人的行為期待。

麗，你也只能一人沉迷、獨自領略，伴隨而來的就是缺乏安全感。

接下來，將會從不同的關係切入，告訴大家如何有效建立不同的人際互動網，幫助你找到與他人的相處之道。

朋友關係的建立

朋友關係是建立在雙方共同關注的議題上，焦點可以放在需要理性討論的時事、宣洩而出的不滿情緒、互相安慰的創傷或回憶、彼此打氣的未來前景等等；內容有時與實質利益有關，有時僅止於理念與想像，可以攸關人生的重要課題，也能天南地北胡說八道；話題對象可以是雙方都認識的人，也可以是某一方的親友，更可以是寵物、花草、興趣、上至天文、下至地理，百無禁忌。事實上，除了當事人自己與交談者之外，任何話題的分享都能夠成為朋友關係的聚合點。

朋友關係的重點在於「分享」，它具有向外開放的連結性，與感情關係最大的不同在於：**說話者並不關切交談者怎麼看待自己，也不需要去迎合對方的喜好，講一些對方喜歡聽的話題。**合則留，不合則散，人海茫茫，仍能遇到知音，畢竟，我們不是在造神，也無須培養自己的粉絲，人生來去幾度，就算百中選一、十幾個知音也已經足夠。

因此，人際關係好壞的關鍵，不在於口才，不在於個性是否外向，更不在於夠不夠機靈、會不會講笑話，而取決於你在群體當中，是否能放鬆？應對自然？表裡一致？讓別人感覺到舒服？

大家不妨回想一下，記憶中可能有一些同學或同事，平時不太愛講話，也不一定善於表達，經常靜靜地躲在一旁，然而，當一群人要出去吃飯或外出遊玩，總是不會忘了他。原因就是，一個團體中除了主角以外，一定要有更多配角，甚至，有沒有搶戲的核心人物都不那麼重要，讓大家感到舒服的「配角」才是眞正受歡迎的人。他們就像潤滑劑一樣，自己放鬆，不誇張，不做作，不愛出鋒頭，也讓大家相處起來很自在，不必把聚會搞得很隆重或讓人緊張。

也就是說，**自在做自己，有時候正是擁有和諧人際關係的關鍵**：別人講些什麼，不感興趣就聽，感興趣就搭腔，開口時多少照顧到每位在場的人，這樣就夠了。如果大家搶話，自己就聽；如果冷場，就隨意聊，不必有太大的壓力或負擔，反正若沒人感興趣，其他人自然會轉移到其他話題。

富足一代很容易因爲教育的關係，努力想在每個場合都表現出自己最好的一面，即便面對社交場合，也想要外向活潑、聰明靈巧、辯才無礙……別把輕鬆的「團體」聚會變成自己的「個人」發表會。如果你這麼搏命演出，旁邊的人必然會承受重大壓力，還會感染你的焦慮，反而導致大家開始有意無意躲避你，不然就是你自己先承受不住，因爲過度社交而感到筋疲力盡，甚至出現社交恐懼的傾向。

原則只有一個，就是讓自己開心，也讓對方（或大家）開心。剛開始的時候，如果覺得困難，可以嘗試下列的步驟，來慢慢與朋友建立關係：

① 先尋找自己喜歡的互動模式（一對一 vs 一對多）

你可以試著設想看看，平時跟同性或是異性互動，哪個更能讓自己放鬆？你比較喜歡一對一的私密聊天還是一對多的聚會形式？倘若是一對多，那同性與異性的比例又是如何，會讓你感到最輕鬆？你可以先初步透過這個方式瞭解適合自己與朋友間的互動方式。

② 什麼樣的地點會讓自己感到輕鬆？

你喜歡主動邀約他人的聚會？還是跟隨別人的安排？開放的空間還是封閉的場合？另外也提醒一下，倘若在彼此不熟的前提下就安排一對一，容易會被誤解爲感情關係的邀約——分寸需要拿捏得宜。

③ 擴大生活視野

平時可以多方涉獵各種時事議題、理財新知、運動新聞、國際局勢、生活觀察等等，畢竟，你必須要先有興趣或嗜好才能與其他人「有所交集」。這世界上不存在沒有話題的人，就算你是躺平族，別人也會好奇你是怎麼活下去的吧？不過，當你的生活圈限縮得太小，別人就算想主動跟你「有所交集」也不太容易。

④ 在聊天前好好想一遍可能會聊及的題目

如果你比較容易緊張，聚會前可以先想想可以聊的話題，不過，一旦見面了，就把這些想法先擱置在一邊，盡量放鬆，隨心所欲一點，別刻意引導談話方向。有時，與其當一位優秀的演說者，不如做個不錯的聽眾。

⑤帶有共同情緒的話題是最容易成功的

能夠激起大家相同的情緒就足以引人共鳴，例如：曾經遇過的渣男、慣老闆、霸凌經驗、與父母價值觀有衝突、與師長或同學的相處、辦公室文化、殺價技巧、彩妝或穿搭流行、理財習慣、旅遊經驗、美食文化、婚姻生活、育兒經驗等等。不過，除非你們有相似的學經歷，否則若是太過負面的政治、社會、深層心理議題，即便能引起對方共鳴，卻也可能會嚇跑對方，較不適合在初識時提出來討論，但當你想進一步認識對方或者想加深彼此關係時，則可以嘗試看看。

感情關係的構築

感情關係可能演變自朋友關係，但無論如何，感情與朋友關係仍有極大的差距——朋友關係是開放性的，會將兩個人推入整個團體中；感情關係則是封閉性的，會將兩個人從團體中拉出，形成只有你與對方的小世界。

回想一下過去的經驗，當兩個人本來是好友也好、伴侶也好，一同加入某個團體時，他們會融入其中，進而增加更多的人際互動；相反地，一旦原有團體中有兩個成員開始曖昧，他們就可能會自成一團，彼此私下密切互動，減少與大家往來。

這就是感情關係中特有的獨占性，不容許第三者的介入。特別是在熱戀期間，兩人世界中，我只在乎你，你也只在乎我。

感情關係帶給人們的意義與朋友關係是不一樣的。**如果說，朋友關係是廣度的支撐，感情關係就是深度的同理**，兩者對於個人的生命有著截然不同的意義，即便彼此具備一定程度的替代效果，但仍有其限度，而且轉換率不高：實際上，人緣很好的人，可能會因爲缺乏固定伴侶而感到空虛；反之，即便擁有令人稱羨的感情，也容易由於缺少自己的朋友圈而感到孤單寂寞。因此，朋友關係跟感情關係是平行存在的，各自分別經營，沒有先後緩急或初階進階的概念。

感情關係建立在個體「愛人」與「被愛」的需求上。一段健康的感情關係，一定要能同時滿足雙方的這兩大需求，並不是所謂「愛是恆久忍耐又有恩慈」，甚至，也不代表需要無止盡的努力與磨合，而是應該更深入地彼此洞悉與自我覺察。

所謂「愛人」，意味著一個人得走出自我的框架，用對方能接受的方式去給予關切與照顧；而「被愛」則相對困難，它與「信任感」、「安全感」有關，比方說，相信自己不必做些什麼，就值得被愛，也相信有人會願意珍惜自己，而且過程中，你不會受傷害。

光從字面敘述，就能體會得出來，要從本能、激情與性衝動過渡到感情關係並不是一件容易的事情，其中需要的不只是磨合，更多的是一顆未受傷害的心與曾被善待過的經驗。然而，我們不能決定或改變過去，只能從此時此刻的自己做起。

以下將從「愛人」與「被愛」這兩方面，來分別給予大家一些建議。

關於愛人

在「愛人」的能力上，你得認清一件事，愛人就是一種「無條件」但「有限度」的付出，而非「有條件」卻「無限量」的投資。

舉例來說，你絕不能沉浸在「我要帶給對方幸福」的崇高理想之中，因為這種狀況經常會演變成「自我感覺良好」，一旦遭受到現實的壓力，你就會顯露出「有條件」的那一面，像是：開始批評對方「不能體恤我賺錢的辛苦」、「連要買個電腦也要禁止我」、「不懂得幫忙節省開支」等等。

反之，如果你能用前者的心態，也許就會發現：「即使我賺得不多，對方也不曾嫌棄過」、「原來對方叫我不要買那麼貴的電腦是為了我們的將來」，這時候，自我感覺良好沒了，你才能無條件地理解對方。

「如果對方就是拜金，就是嫌我賺錢少，那該怎麼辦？」或許你會這麼問。那麼，我的建議是：你會出現這樣的感受，有一半機率是來自於你的自卑感；至於另外一半，或許你應該直接放棄，相信會有下一個更好、更適合你的對象出現。

關於被愛

在「被愛」方面，這就是考驗自我強度的一刻了。絕大多數有感情關係障礙的人都會在這關遇到瓶頸，像是：不斷遇到好姻緣，卻又主動避開，因爲害怕好對象遲早會離開自己；或者明明知道另一半是不對的人，卻無法誠實面對，最後才在傷痕累累後分開，留下的經驗是：「我的運氣怎麼那麼差，都遇不到對的人？」

相較之下，「愛人」是主動的，不必等待，想愛就愛，想關心對方就關心，行動權操之在己，即使被拒絕了，還可以趁早死心換對象；「被愛」則是被動的，你永遠不知道對方在想什麼，兩人之間也不太可能永遠保持熱戀期的新鮮感。然而，大家都有自己生活要過，當你等不及而主動出擊，或許是出於自己的不安，倘若你內心非常焦慮，對方也可能因此受不了你的過度關切而萌生退意。很多邊緣性人格患者容易把伴侶逼瘋[11]：因爲害怕被拋棄，而拚命查勤，讓對方感到窒息，直到另一半忍無可忍便落荒而逃，才又感到痛苦、懊惱又後悔，懇求對方給他機會再次重新來過，消耗大好青春，甚至久久無法從失落之中走出。

一般來講，「愛人」能力的障礙多半源於「以自我爲中心」的思考習慣，是富足一代在感情關係中常見的問題，透過閱讀、多看心理學相關影片、參加心理課程，培養同理能力就有機會得到改善；而「被愛」能力的障礙則牽涉較深的心理創傷，常跟個人的成長經驗有關，我會建議尋找專業心理工作者協助，倘若暫時做不到，也可透過大量閱覽心理相關書籍、參加心理成長工作坊，以自我探索的方式來認識自己和對方。

如何面對父母與長輩？

富足一代的家庭需要面對各式各樣的挑戰，像是：父親長期在外地工作、外配或陸配、雙薪且擁有高強度工作的父母、隔代教養等。然而，家庭組合的改變與家庭功能的減損，不只降低了子女的安全感與價值感，也讓他們面對許多特殊的成長環境與角色，例如：父親在外地工作，母親的不安全感卻由子女來承受；子女逾越了父母的角色，成爲一心想維持家庭氣氛良好的照顧者等。

父母這一代在取得程度不一的成就或累積一定的財富後，也很容易把自己的經驗與價值觀，強加在子女身上，無論是**指責、過度的期待、想對方少走冤枉路、想點醒對方，都會對下一代形成相當程度的壓力。**比方說，當孩子

11 詳細可參考《原來這就是B型人格》（究竟出版，二〇一九年）一書。

做出了想更換工作或想出國念書之類的重大決定、有了想買房或買車的高消費需求，父母經常會過度介入，只因爲擔心孩子做出不夠好或不符合他們期待的選擇。父母的問題還是那句「不放心」：雖然相信孩子的人品，卻很難相信孩子的能力——畢竟，這個口口聲聲說自己長大的孩子在不久前（依照父母的時間感，可能二、三十年了）才因跌了一跤而嚎啕大哭。

在這種環境中成長的一代，必須在驚人的期待中成長，稍有自主意志或不如父母長輩預期，道德勒索就會鋪天蓋地而來，例如：「花這麼多錢讓你學才藝，表現卻這麼差」、「給了你這麼好的環境讀書，怎麼還是考不好」、「眞是不知人間疾苦」、「以前明明很乖巧聽話，現在卻動不動就頂嘴」等，而長輩們往往會因此沉浸在自憐自艾的狀態中，很少有人願意去看見孩子內心的糾結、徬徨與無奈。

如何面對與自己價值觀有差異的父母與其他長輩，一直是這一代人的重大難題，在此，想分享幾點提醒，幫助大家調適自己的心情。

瞭解父母的處境

這麼做的目的是爲了放過父母，更是放過自己。其實，很多孩子對父母的瞭解，都遠較父母對自己的瞭解還深，因爲小孩的成長和改變幅度比父母還劇烈，問題是，這麼深切的同理，目的爲何？爲父母的傷害性言行尋找藉口，合理化自己受傷的事實嗎？當然並非如此。

同理的基礎不是爲了找藉口，而是明白父母的極限。他們成長於一個更爲艱辛的歲月，歷經更多也更殘酷的競爭，他們必須強大、承受孤獨，才能存活到今天。他們的存在反映了當年時空背景的需求，而你們的個性也同樣符合現代環境所需。有個笑話說道：「阿嬤爲出國留學的孫子送行，嘮叨到一半突然住嘴，催促他『趕快上飛機去占位子』。」在這之中，可以看到時空的差異，在那個年代，占位子是爲了求生存；如今，禮讓與排隊卻是爲了守護秩序，也讓別人更加喜歡自己，出發點同樣是求生存。而希望子女有漂亮的學歷，可以在社會上功成名就的父母也是一樣，人不免會把自己的焦慮、恐懼或遺憾強加在身邊最關心的人身上。

然而，「瞭解」就只是爲了瞭解，不一定要期待對方有所改變，你的未來還是得由你自己來決定，畢竟，陪你走到人生最後一刻的一定是自己。減少期待，就能減緩傷害，更不容易受到情緒勒索而痛苦不已，或徒留日後遺憾。

別低估長輩的改變潛能，也別高估他們的學習速度

長輩歷經歲月的洗禮，有著豐富的人生閱歷，別一味把他們當成冥頑不靈的「老傢伙」。倘若他們曾蠻橫無理地打壓你的意見，那是因爲他們從來沒意識到：曾幾何時你已經長大，也有自己的想法了。試想，如果你是客戶、上司、事業夥伴，他們會用這麼討人厭、上對下的講話方式嗎？顯然不會。久經社會歷練的他們，已經習慣於犧牲自己，討好別人——特別是對自己有重大利益的他人。他們向來要求自己、壓抑自我，但因爲把你當

成「自己人」的關係，可想而知，他們也可能會如此嚴格地要求你。

長輩的一言一行，存在著複雜的思考邏輯，畢竟，他們跟你一樣，曾年輕過，縱然思考方式不同，但不代表他們不能改變，只是他們內心有許多恐懼，例如：會不會在放下孩子之後，被當作沒用的人？父母與長輩也需要下台階，讓自己獲得安全感、維護自我尊嚴，才能走出安身立命已久的舒適圈。

找到關鍵中間人，來幫忙協調溝通

通常對父母輩來說，最有效的台階就是中間人，像是：同輩分、關係良好、受他們敬重、卻沒有同住在一起的親戚朋友等。你可以試著與這些長輩溝通看看，將自己的想法分享給他們，再透過他們去替你代言。記得態度要有禮貌，回覆的速度也要掌握得宜，講話婉轉，但心態要真誠並坦白，重點在於，要讓對方覺得他們很重要、是緩解關係的關鍵人物。

中間人的範圍很大，倘若找不到父執輩的朋友，要透過自己朋友來介入的話，那不妨邀請父母來參加自己朋友的聚會。而自己朋友間最資深的人，最好是從事能被社會主流所接受的行業。例如：一群投資理財同好聚會，大家都收入不錯，但聚會時，最資深的人已經在傳統事業中得到社會肯定，或是在知名企業就業、合作客戶是大公司等等。而這種聚會場合不需要刻意炫富，低調反而是比較好的策略。這樣一來，能讓父執輩覺得，儘管自己不太懂這些年輕人，但他們好像並不是沒在思考，對於自己的未來也有規劃（這點非常重要），不會帶壞自己的小孩。這時，只要安排得夠好，父執輩都不至於被冷落，他們可能會因此出現「有心無力」的感覺。像是：

- 小孩的發展顯然已經超過自己能夠給予的了。
- 朋友似乎也滿認真努力的，也許可以相信他們。

這樣一來，目的就達成了。

如果不透過社會中間人，坦白說，要能和價值觀差異過大的父母好好溝通，非常不容易。若不得不這麼做，我會建議大家：做重大決定前不要跟他們溝通，沒事別和他們分享你的困難，這些動作，通常不會讓那樣的父母更放心，反而會讓他們憂鬱。所以，不如等到已經達到某個階段的成功，再回頭和父母報告，否則事先的嘔氣，很有可能導致負向的自證預言[12]發生，造成關係經營上的失敗——我之所以這麼說，是因爲能溝通、願意跟你一起面對問題的父母，今天就不會讓你這麼傷腦筋了。

自己尋求專業協助，而後邀請他們加入

還有個常見的做法是，尋求專業心理工作者的協助，詢問自己該怎麼處

12 是指人們先入為主的判斷，無論其正確與否，都將或多或少的影響到人們的行為，以致於這個判斷最後真的實現。

理父母與長輩的議題，在治療者的引導下，再於適當時機邀請他們一起加入。這個方法是否能成功，會依治療師的功力、治療進度、長輩的態度、時機是否成熟而有所影響，無法一概而論，更是不能太過躁進。

保持適當的空間距離

倘若上述的方法均歸於無效，那最好的方法，就是保持適當的空間距離，減少相互的情緒摩擦，讓彼此各自接受社會角色的轉變，並靜候契機。隨著時間，你會更瞭解他們所熟悉的社會規則，同時，父母和長輩也會變老，對於生死權利的掌控慾會逐漸下降。雙方的社會角色都在轉變中，總有一天，新的關係會建立，屆時，或許你會負擔更多的照顧義務，相對地，你會擁有較大的權力，也更被尊重。你們和解的契機，有一天將會再次打開。

在父母與配偶角色間取得平衡

你可能會有兩個家：一個是自己出生的家，我們稱之為原生家庭；一個是長大成年之後，與伴侶組成的家，我們稱之為衍生家庭。

在原生家庭中，我們的角色是某些人的小孩、某些人的兄弟姊妹；在衍生家庭中，我們的角色卻是某人的配偶，另一群人的父母。無論是同性還是異性婚姻，不同的只有生理限制，在心理與角色期待上，並無太大差異。

在正常的狀態下，家庭跟人一樣，也會經歷生老病死等階段：兩人因相遇而結合，讓家庭得以誕生；隨著孩子的出生、成長、就學，家庭逐漸擴張；孩子陸續離家求學、就業，家庭逐漸萎縮；孩子紛紛在外自立，家庭也就隨同夫妻老去，邁向死亡。

無論在成長階段獲得多少原生家庭的庇蔭，人都會留下情感上的糾結，例如：依戀、疏離、憤怒、緊張等，如果還沒準備好就直接建立新家庭，往往會造成原生家庭與衍生家庭間的關係緊張，好比一顆種子還沒完全分離，就在母樹逕自發芽，開枝散葉起來，導致嚴重角色錯亂與家庭衝突。

最典型的例子，就是在家境貧困、家暴或單親家庭長大的男孩，放不下含辛茹苦的父母，即便結了婚，也完全沒意識到自己身爲丈夫與父親的角色，若非忽略妻兒，就是下意識將妻兒作爲取悅父母的工具，不僅在衍生家庭中嚴重缺席，還抱怨自己如此孝順，爲何落得婆媳衝突的窘境？

另外一個常見的例子，則是「管太多」的大姑，即便已經出嫁或獨居，照樣不斷過問娘家大大小小的事務，對媳婦或小姑們恣意批評，甚至干預甥姪輩的管教議題。

這樣的情況在台灣經濟條件改善與少子化之後，已經有了改變。原本生長在貧困條件下的受害者如今成了妄加干預的加害者，而自主意識高的富足一代則以獨身、晚婚、不婚、不生、晚生來反擊。

儘管如此，仍然有相當高比例的年輕一代最後會步入婚姻，面對這些因爲時代背景而自我界線不清楚的長輩們，建議大家在不同的關係中，事先安頓好自我的角色，相處上才有可能得到改善。

與父母之間

即使你能對父母盡孝道，也不代表對方會善待你或下一代，更不代表他們能夠秉持公義、謹守法律、友愛他人，或理解你的立場甚至尊重你的價值觀。孝順，不是預測人類行爲的良好指標，不代表你順從了父母，就會換來你預期的對待。無論未來你想將父母放在人生中的哪個位置，你都得更全面地瞭解他們，去理解他們的不安與擔憂。當然，我們也不一定要受到傳統觀念束縛而認爲自己要「孝順」父母，能做到「孝敬」就已經善盡責任了。

與伴侶之間

在面對自己與伴侶的原生家庭時，最好能與伴侶深切溝通過，形塑一個讓雙方均感到「最舒服」的立場，而後對外表現一致，互相支援。「舒服」或「輕鬆」是一個良好的情緒指標，比認知到「最好」的理性指標更能貞實反應對大家都有利的狀態。溝通時要注意的眉眉角角太多，在實作上，我則會推薦大家閱讀呂宜芳心理師所撰寫的《婚姻教我們的事》，內容鞭辟入裡，相信可以幫助不少溝通上有障礙的伴侶。

如果這麼做仍難以改善讓你痛苦的家庭關係，請記得，再美好的日子都終將結束，同樣地，無論是多難熬的歲月也不會再回來，原生家庭可能會隨著你離巢而漸漸走向終結，你無須再留戀，亦不必有憤怒、遺憾或其他各種情緒；把握好眼前的一切，無論是工作、伴侶或室友、孩子或寵物、或任何型態的生活。畢竟，能經營長久的衍生家庭才是能陪伴自己走到人生最後的。

當然，和長輩間若是容易因爲價值觀和生活習慣的不同而發生摩擦，我們也可以善用空間、工作、社會角色，拉開原生家庭與衍生家庭的距離，比方說，和伴侶兩個人獨立從家裡搬出，在建立新家庭後也不勉強與父母或公婆同住，這樣一來，也能給自己一段切換的時間，偶爾再回家吃飯聚會，在遠處互相關心即可，而你和長輩可能都會因此發現，拉開距離後，雙方的關係反而更和緩也更融洽了。

如何看待同學與同事關係？

同學與同事都屬於差異性很大的關係類別，共通點是：兩者都非自然形成，而是基於某個共同理由，例如：前者是求學，後者是工作。因此，同學與同事是**介於強連結（親人、摯友）與弱連結（點頭之交）之間的一種變動**

關係，有以下幾個特徵：

首先，這兩者都是可以因為心態設定而「選擇性經營」的關係。比方說，倘若你剛結束一段十年的感情，只想找一份工作轉移注意力，不想與人有太多連結，你可以選擇上班時埋頭苦幹，與同事略為寒暄，下班時間到就走人，不一定要讓同事對你有過多的瞭解。此時，同事間的氣氛太好反而會造成你的心理壓力。同樣地，如果這份工作是你事業發展上的跳板，你也會有前述的感覺，畢竟，你是來工作，不是來交朋友的。反之，如果你的支持系統不足，生活元素單薄，或是你需要同儕一起奮鬥的「共事感」，那你就會期待與同事有所互動，增加彼此的連結。

其次，學校與職場都是把一群擁有相同目的，卻有不同設定、不同選擇的人強迫聚在一起的場所。有時候就會造成「龍蛇雜處」的情況，在升學導向的明星學校、新創產業的小型科技公司等地方，同質性可能會比較高，但不管是哪一種學校或職場，異質性都絕對存在。仔細想想，人類通常怎麼處理這種異質性呢？**此時，黑羊效應就可能會因此產生——透過對少數人的霸凌，以及多數人跟著加入殘酷的加害遊戲。**

由於一起欺負被霸凌的受害者（黑羊），多數人確認了彼此的朋友關係（我欺負A，你也欺負A，所以我們是一國的）、分享了共同的情感，結合成為穩固的友誼狀態（也就是共犯結構），代價則是在這之中產生了作為黑羊的受害者，他們連自己被群起圍攻的理由都找不到，也常常想找各種理由來解釋，卻怎麼都解釋不通。

職場中的黑羊效應案例

某日，職場新人小萱不小心打翻組長的水杯，弄髒了開會文件。本來這只是小事，但是其他新進同事為了討好組長，便在背地裡散播小萱的壞話，慢慢地，說閒話的人變多了，一些事不關己的同事，為了擔心立場被誤會，也開始附和，於是聲討小萱的人越來越多，霸凌就此開始了。

小萱並不知道自己做錯什麼，但家中長輩都「鐵口直斷」說她一定犯了什麼錯，可能是不夠機靈或態度不好，偏偏小萱越是低聲下氣，越是造成加害者良心不安，只好找出更多「小萱其實沒那麼無辜」的證據來顯示自己並不是壞人，導致排擠狀況越演越烈。這個傷害通常會改變受害者或旁觀者一生的行爲模式，所形成心理的陰影在許久以後都難以被抹平。

在明白職場與學校有上述特色之後，我會建議，當你以參與者（學生或職員）的角色加入其中時，最好能做好下列幾點：

確認自己來上學或上班的目的

人不是機器，不可能完全做到「來上班就只是工作，來上學就只是求知」，再怎麼遠離人群，人際互動也必然會發生。以工作爲例，你必須先認清楚：「此時此刻自己究竟在做什麼？你要的又是什麼？是希望有一份能養家餬口的薪水？被上面的人看見，取得升遷的機會？獲得經驗與頭銜，爲日後跳槽做準備？熟稔業務並經營好人脈，以便日後創業？或是找回生活的節奏？尋求穩定感？證明自己也能在同一份工作待上一段時間？與社會接軌，建立人際關係？」

沒有哪一個想法是「絕對」不可行的，只要認清自己的想法就好。但實際上，卻也會有相對不可行的地方，比方說，想要達成的目標，在你所待的地方是否有可能實現？實現的機率又是如何？代價有多高？然而，一個職場到底能不能實現你的期待，並不是那麼容易能夠分辨的。高度競爭有高度競爭的壓力；看似溫和、步調緩慢的地方卻可能有潛規則。那麼，誰能提供這樣的資訊給你呢？一個是職場中自然形成的權力核心人物，另一個是公司職位上的直屬主管。

在就職以前，你還沒有機會認出前者，但後者通常是面試你的人，換言之，倘若你不適合這份工作，第一個會發出警訊的，就是面試你的直屬主管。從這個角度來想，「求職被拒絕」在某種程度上也算是對你的一種保護，避免你進入不適合的環境。這在求學或求職上都一樣，雖然會讓人很沮喪，然而，如果以長遠的人生尺度來看，回首時，不少人才會有所體悟：不是自己不好，而是與該處不對盤罷了。

與自己相似的人結盟，但避開太過出鋒頭的角色

很多人不知道在課後或下班後閒暇之餘，如何與同學或同事建立關係？其實，原理跟朋友關係很類似（第152頁），一樣得透過外部共同話題，如：擴大生活視野、引發共同情緒的經驗、當一個好聽衆等，讓他人逐漸熟悉自己，也讓自己一步步適應他人。

而在學校與職場中，會有一個額外的主題：前者是課業，後者則是工作，很適合作爲破冰的工具，不過，別讓這個主題占據話題比重太高，讓人覺得你只會談公事；也不要讓私人交誼超過公務比重，例如：大家都忙

得不可開交，只有你在聊八卦。另外，建議各位盡量與自己特質相近的人結盟，減低被欺負的可能，避免在團體中成爲最弱勢的個體。倘若還是不放心，可以多和一些正直、穩定與可靠的同事交流。至於太過出鋒頭的人則不必靠得太近，畢竟，過度耀眼本身就是風險所在。

如何面對自己的孩子與下一代？

千萬不要以爲五十多歲時，才需要煩惱自己的小孩與下一代。

現在的小孩古靈精怪，你在想什麼，他比你還清楚。在我的臨床經驗中，國小三年級以上到國中的學生，已經會介入父母的婆媳問題，甚至懂得選邊站，更糟糕的是，還能游走於兩方，一下子對媽媽情緒勒索吵著買玩具，被拒絕後，立刻見縫插針，轉而向阿公阿嬤求情，讓孤立無援的媽媽更加焦慮，導致衝突再度擴大。

事實上，**在婚姻中能夠安頓好兩人彼此之間的關係，才是最為重要的。**即便有了小孩，你和伴侶之間仍是對方的配偶。孩子會長大，十幾年之後，等到他們各自離家，你們兩人之間的原始問題可能都還沒克服。

本節專注在關係議題上，想探討的是，在資源充足之後，鉛華洗盡，家族內每個人的價值觀和人生觀依舊很難改變。

倘若遭遇了問題，請記得：把那麼多生活環境不一樣的人湊在一起，本來就不可能達到完全和諧，因此，不如保持一定的距離；如果還有問題，不妨求助於諮商，或是先進行精神狀態評估，若對方身心出了狀況，即便你以理性應對，可能仍不足以解決問題。

面對社會亂象時，先安頓好自我

戰後嬰兒潮創造了有史以來最龐大的財富，卻也留下一個資產分配嚴重不均的社會。無論有無「長輩」可以依靠，「富足的一代」所要面對的都是一個高度內捲、升遷困難、文憑貶值、M型化的社會。父執輩胼手胝足，成功之餘，卻也同時增加了新世代自我肯定的難度。如何在相對剝奪感嚴重的年代安頓自己，成為一個非常迫切而且具體的課題。以下提供幾種方法，幫助大家找回自我價值。

1　對未來保持開放，無須自我設限

假設此刻的你月薪四萬多，光是房租、日常開銷、學貸車貸、孝親費便

幾乎榨乾了全部收入，就算能勉強擠出幾千元來做定期定額投資，在可預見的未來幾十年，不管複利效力有多強，本金還是那麼少，沒有長輩的支持，買房對你來說根本遙遙無期。

此問題看似無解，事實上不然。首先，買房固然是一件大事，但你確定二十年之後你仍會定居在這塊島嶼上？語言或許決定了你世界的廣度，親情的羈絆與冒險性格限制了你的動能，然而，想想歐美過往有文盲的年代，不識字的阿姨英語照樣說得很溜，顯然語言的潛能高度受限於學習中的挫敗經驗而非智力高低；而親情的羈絆與冒險性格又取決於你對自己「重要性的詮釋」，像是：你真有那麼重要？家人沒有你不行嗎？丟臉又怎麼樣呢？

其次，你此刻所有的資訊都來自過去幾十年前對於全球化的印象，那個資本橫流、工資高度被壓抑的年代。房價飛漲、租金不減、原物料價格高昂……唯獨薪水不漲。然而，這是二戰後至今的故事，縱使有百年歷史佐證，並不代表二十一世紀也必然得遵守這樣的規則，在地緣風險逐漸提高的未來，由少子化與去全球化所推升的缺工缺人依然看不到盡頭，你當眞相信，在越滾越多的財富和雪崩式減少的服務業勞動力之下，往後的幾十年間，勞動薪資漲幅注定追不上地租與原物料的漲幅嗎？

儘管有些「未來學大師」開始預測以後會被AI取代的幾大行業，彷彿服務業勞動力永遠不會短缺。事實上眞是如此嗎？以歷史爲鏡，工業革命之後，蒸汽機的發明，促使工廠集中化的製造業興起，當年也是有許多人宣稱：精準而大量生產的工廠將全面取代手工師傅，手工業會逐漸從地球上絕跡。結果呢？

大量生產的產品成爲中低端產品的主流，手工生產卻變成了奢侈品。從高級訂製服、珠寶、限量名牌包、機械錶，甚至連床墊、鋼琴、小提琴等等，無一不強調「手工製作」、「全球限量」——精準變得平庸，略帶瑕疵的手工藝卻成了天價精品。

從這個角度來看，所謂AI取代人力會不會只是當年工業革命的服務業版本呢？屆時，少子化帶來的年輕勞動力嚴重不足，將大量由AI來取代，人力資源究竟會被淘汰，還是升級爲奢侈品的象徵？只要資本依舊爲人類所控制，由眞人提供的服務就會往奢侈品的方向移動。新科技只會爲工作型態帶來改變，而非造成更多人失業。問題在於，屆時你的年歲已經增長，依然能對尚未發展成熟的行業保持開放嗎？

今日你身處的環境，是幾十年前的人們難以預見的，即便是所謂的成功者，若回到當年，恐怕也難以預料到自己將會成功；同樣地，未來的種種，今天的自己一樣無由預見。

因此，所有預先做出的努力、跟世界搶快的行爲，其意義都很有限——因爲你根本不知道自己要面對的是一個怎麼樣的未來。人生短短幾十載，任何劇變都足以耗盡一代人的一生。更好的做法是，**維持彈性，對未來保持**

開放，相信將來每個時間點的自己，都會替此刻的你做出更好的反應。

為了確保這點，你所要做的就是保護好自己，無論是規律運動、定期健檢以維持身體健康，謹慎理財、有效保險以維護財務安全；不要貪功躁進、謹守誠信以維護個人名聲；適度與人聚會，維持良好而真誠的友誼；或是克盡職守、別衝動行事，守護好和樂的家庭……靜靜等待機會來臨。

當然，你同樣得明白，有選擇就有割捨，因此，除了彈性之外，更重要的是「不要苛責自己」，欣然接受自身的選擇——明白你不是萬中選一的奇才，能做到這樣已經很好了。

只要活著，就會有明天。接納既有的成果，靜待世局改變，見招拆招，也就沒什麼好畏懼的了。

2 成為被需要的人——當你與家人的期待不同或缺乏動機時

基本上要能「被需要」，是由兩大要素組成的：

- 首先是「愛」。這是能將你與對方連結在一起的強烈情感，沒有了愛，對方再怎麼需要你，你都無法受激勵，也體會不到價值感。
- 其次才是「能力」。你具備照顧或供應對方所需的資源或能力，倘若你在乎對方，卻不具備關照的能力，你會感覺到無力、沮喪與挫折，甚至因而產生自我懷疑與否定。

必須強調的是，愛是一種純粹的、直觀的、不求回報的「無條件的愛」，也就是說，你與對方之間都清楚：給予了之後，就不會想再要回來。施愛者對於接受者的付出，儘管有限度，但完全沒有任何條件。

以貓咪爲例，養貓者完全明白，自己就是寵物的鏟屎官，不管平時怎麼餵牠、抱牠、蹭牠，貓咪就只有高興時會跟你玩兩下，累了就找個地方呼呼大睡，接受者既無需感恩，給予者也不求回報——這就是所謂「無條件的愛」。

反之，對於繁殖場的主人而言，養貓的目的可能是配種、擇優販賣，不好的就淘汰。此時，就算繁殖場給了貓咪再頂級的設備，這樣的愛依舊是有條件的。

缺乏無條件的愛，才是富足一代無法成為「被需要的人」的原因之一，而非「能力」問題。簡單來講，上一代的人爲了生存而戰，竭盡所能讓自己擠進社會的需求之中，然而當他們期待「繁衍」出更成功、更優秀、更菁英的下一代，這樣的愛就不再簡單與純粹，甚至充滿壓力，在失去「生存的威脅」後，下一代人就得另外再找尋「需要自己的對象」。如果沒有任何深愛的客體，那又要發展出被「誰」需要的能力呢？

因此，當富足一代面對家人的期待與自我的衝突，缺乏前進的動力而隨波逐流，沒有能夠爲之奮戰的目標時，建議的解法如下：

從內心停止被「有條件的愛」所剝削

倘若你正面對一群自稱「一切都是爲你好」的親友，表面上是關心，實際上則期待透過你的表現來成就他們的價值感、安全感，甚至虛榮心，你的現況就如同那隻被豢養在繁殖場裡的貓，縱然品種高貴、身價不凡，終究只是被利用的對象，永遠不會有自己，更感受不到眞正的愛。

內在動機之所以匱乏，對什麼事都懶得行動，正是因爲持續被剝削的關係。受限於現實、親情、經濟壓力，你未必能立刻結束這種「豢養關係」，但只要先銘記一件事就已足夠：有朝一日你終將結束這種互動模式。

「知道」本身就是一種改變，不必鬧出家庭革命。畢竟，利益與自由你大可兩者兼得，只不過需要更多時間醞釀。

為自己而戰

當你成爲主體，就能開始分辨：哪些行爲是爲了應付家人？哪些行爲是爲了自己？也許，你沒有辦法一時之間就無視家人的期待，更不能沒有他們的認同，包含經濟上或是情感上的支持，然而一旦你「覺醒」了，開始爲自己做主——即便只能偷偷摸摸，在暗地裡行事，那依然是一種爲自我而戰的方式。

過去的情感依附可能會讓你產生罪惡感，覺得自己在做虧心事，對不起家人。不過，也許你低估了家人學習的潛力，儘管此時此刻，他們難以改變，二十年後就不一定了。打了死結的關係，終究有一方得先悄悄鬆開。

假設你的改變，能讓家人在未來學習到如何對你有正確的期待，甚至能以欣賞的態度來看待你的表現，你的努力不只幫助了自己，更是推了家人一把，還改善了彼此的關係——即便達不到如此理想的狀態，能有幾分改變，都是值得的。

或許此時，你仍需小心翼翼，生怕不符合家人的期待，會因此激怒家人，但是萬事起頭難，先從私下累積自己的實力開始，比方說，存下足夠的資產、累積自身的人脈、充實專業知識與經驗、一步步找到立足之地，爲將來成爲一位被社會需要的人而準備。

成為被社會需要的人，由社會來說服家人

有一位企業家的女兒，始終得不到父親的肯定，當她提出想經營自媒體的想法時，更是被保守的父親質疑了好幾次。後來，她在父親的首肯下，到父親友人的公司任職，從實習生開始做起，在一次會議中，大膽提出用自媒體幫公司宣傳的方案，意外得到父親友人的肯定，還撥給了她一筆經費來嘗試，結果意外地大受好評，讓公司營運有了轉機。當友人向其父親大力稱讚女孩的創意時，奇妙的事情發生了，原本對自媒體嗤之以鼻的父親，竟然稱許了女兒一番，甚至問她願不願意回來自己公司經營自媒體。

上述正是一個典型的透過「社會說服」來增加自我效能的故事。女兒從來沒能「親自說服」倔強的父親任何事情，沒想到，長輩友人的幾句話，卻讓父親態度一百八十度轉變，轉而大力支持自己的夢想。

這就是爲自己而戰後，慢慢在社會嶄露頭角的效果，一旦成爲了被社會需要的人，透過社會爲自己辯解：無論是實際的戰功、長輩朋友的肯定，可能一下子就讓你打穿了幾十年來無法溝通的親子障礙。

先取得社會成就，再由社會肯定來證明自己，不管是受到媒體的訪問或報導、躍上了大舞台、得到長輩友人的大力讚揚，你的家人也終將被說服——這比你親自直接溝通要來得有效數百倍。

3 尋找適合自己的戰場

社會再混亂，都不見得與你直接相關。因爲你終其一生，只會在有限的地方，接觸有限的人，做有限的事。問題是，這樣的人事時地物是你的戰場嗎？——是眞正能發揮你的能力，可以有效率地做事，同時讓你感覺到滿足的地方嗎？

人類有三大需求：成就需求、權力需求與同儕需求，無論是哪一種需求得到滿足，都能給人帶來相當大的存在價值與生命樂趣。在乎「成就需求」的人，也許需要在成就導向的事物上得到滿足，例如：升遷、取得學位、開發新業務等等；在乎「權力需求」的人，更在意於社會團體中能有效駕馭組織，貫徹個人意志，滿足個人地位與身分期待；然而，也有不少比例的人，能在「同儕需求」中獲得幸福，一個有效的支持團體、歡樂的朋友聚會，就能給他們帶來極大的滿足。

當你來到最適合自己的領域時，事業與生活就會達到平衡。例如：一個「同儕需求」型的人，從事他擅長的業務工作，也許效率會達到最大化；一旦升遷之後，效率反而下降，因爲他並不善於管理組織。這在「彼得原理[13]」中，已經被充分闡釋。然而，社會總有「人應該往高處爬」的刻板觀念，因此一味抗拒升遷並沒有意義，更好的做法是：試著在既有的社會結構、職業種類、創業可能中，找一個最適合自己的位置，倘若沒有，就想辦法創造出來。

效率才是主導人生是否游刃有餘的關鍵。在「相對優勢理論」中，不論聰明駑鈍或各種人格特質，每個人都會在特定角色上有相對性優勢。教育

13 由管理學家勞倫斯．彼得（Lawrence Peter）所提出，彼得原理指出，在組織或企業的等級制度中，人會因其某種特質或特殊技能，令他被擢升到不能勝任的高階職位，最終變成組織的障礙物（冗員）及負資產。

是讓我們花費時間精力去發現這個位置在哪裡，而非讓自己在無法勝任的位置上反覆練習。

倘若「學如逆水行舟，不進則退」——那爲什麼不把時間花在勘查地形、尋找順流的河，接著費盡力氣把舟拖到該河，再順流而下呢？而非要執著於自己不擅長的領域，向別人證明你所有事都能做到一百分？

天賦永遠比努力重要——當然，爲了找到天賦派得上用場的地方，需要付出極大的努力，因爲每個人的天賦不同，派得上用場的領域也不一樣。然而，如果少了「找尋戰場」這個動作，那麼，即使努力一輩子也不一定會有成果。

先找到自己有勝算的戰場，然後再投身其中，這是極大化自己影響力的方式。

關於相對優勢理論：

相對優勢（Comparative Advantage）指的是由於機會成本的存在，即便某人在諸多業務上存在「絕對優勢」，仍然只能擇一生產，而將其他部分交由其他人來完成，一同合作才能達到最大效率，其他人也因此間接產生了「相對優勢」。

4　探索生命的意義

如果你對於人生感到迷惘，首要應該先分辨清楚自己的困擾是來自於「潛在的自我期許」，還是「找不到生命意義」。

「潛在的自我期許」是一種被壓抑的對內期待，人們必然存在一個更高、更好的人生目標，它可以是社會性的，也就是多數人能理解但未必認同的「值得追求的事物」，包括：利己性質的財富、身分、階級、權力等，與公益性質的環保議題、生態保育、性別平權等；也可以是自我性的，如：極限運動挑戰、解開數學難題等，標的包羅萬象。

如果讓你感到徬徨的源頭，是不確定**「潛在的自我期許」**爲何，那你不妨可以想想：爲什麼不敢讓這份期許清晰浮現，是因爲害怕做不到？講出來會被嘲笑？擔心有期待必然伴隨著失望？還是憂心你的自我實現會離經叛道，與現實生活差異太大？例如：身爲公司小職員卻夢想在國際會議上發揮影響力？平凡的工程師卻想去南極科學研究基地工作？

閉上眼睛，放膽去想像：如果一切如願，二十年後的你，此時此刻想站在哪裡？面對什麼樣的人？說什麼話？你的名片抬頭印著什麼？

在那一刻到此時之間畫出一條線，看看你必須穿越哪些障礙。具體列出來，好好思索路上的你該如何穿越障礙？或是繞開？倘若既不能穿越也不能繞開，改用曲線、多繞點路呢？不然，也可以更換一下終點，感受看看，是否能找到其他替代性的滿足？原本的迷惘，會在具體列出現實與理想的差距後，頓時清晰起來。

當然，讓你猶豫的不見得是對於未知的恐懼，更多時候是責任與人情，將你綑綁在現有的角色上，動彈不得。常見的情況包括：照料年邁的父母、家庭與事業的拉扯等。這時，你可能需要諮商師的協助，看看內心是否有埋藏更深的情感、虧欠、不捨、遺憾或憤怒，發現自己眞正的需求。而在執行上，可能得使用更多「替代性目標」來達到近似的滿足感，例如：原本夢想成爲幼兒園老師的你，從育兒的過程中發現了全新的人生意義。

如果深思熟慮後，發現迷惘的來源並非「潛在的自我期許」，而是**「找不到生命意義」**——更直白點地說，你不知道活著是爲了什麼？那麼，就得深入哲學命題來找尋答案。

首先得排除一個風險：憂鬱。倘若你正受到憂鬱的侵擾，無論是因爲人格疾患、憂鬱症、物質濫用（最常見的就是酗酒跟大麻）或其他精神疾病，你的判斷能力都會受到扭曲，可能因此而缺乏「自由意志」來面對生命的意義。所以，如果有上述情況，先好好面對身心的狀況——在諮商輔助藥物的治療下，多數精神疾病都不至於需要終身服藥。

確認自由意志的存在之後，我們就得區分「工具性存有」、「社會性存有」與「本眞存有」這三者。

舉個例子，感受下面兩句話的差別：「我是碩士」與「我有碩士學位」——前者的重點在於我「是」（to be）學位，誰都不能分割它們；後者的重點在於我「擁有」（to have）學位，兩者各自獨立，能相聚也能分散。to have，就是**「工具性存有」**的關係。

當我們不斷把一些事物從自己身上切割出去，從 to be 轉變爲工具性存有（to have）時，自我就會越來越渺小，變得空虛、孤單。

在快速變遷的社會，與詭譎多變的國際局勢下，這個世界能讓我們認同與依附的事物越來越少。而富足的時代，表面上所擁有（to have）的越來越多，在見過大江大海後，你卻可能什麼也不「是」（to be）了。那個有倫常、講道義的年代已然過去，人們時時刻刻得爲生存而戰，用「工具性存有」衡量著別人，也盤算著自己作爲「工具性存有」的剩餘價值。

馬上做個實驗吧。想像自己在一群陌生人的聚會裡，你會如何向別人介紹自己的工作？說「我是○○人」？還是「我在○○公司擔任工程師」？如無意外，應該大多是後者（除非你資歷頗深，公司又很照顧員工）。工作如此，文憑如此，國籍如此，身分地位亦如此。

另一個讓生命意義產生動搖的，則是時間性。

傳統上，人們會以**「社會性存有」**的形式活著，也就是跟隨著社會習俗，到達某個歲數，做該年齡段應做的事，社會已經爲每個人都安排好各階段要完成的任務，我們遵循這套準則，跟著身邊的人一起長大、結婚、生子、育兒、嫁娶、退休、養老，如果不需要思考，也就沒什麼好焦慮的。

然而，在這個多元的社會中，遊戲規則被打破了，越來越多人有能力獨立思考自己的**「本真存有」**，以敏感、清晰的覺醒狀態，感受到時間有限的焦慮：我們未必對現狀不滿，也不一定想成為什麼樣的人，但我們對於不斷流逝的時間，持續感到焦慮，而且非常清楚，不管做了什麼、多麼努力、獲得多少成就、留下多少虛名與財富，都阻止不了一切終將凋零、歸於虛無的終局。

應對之道，遍及整個哲學史上的存有哲學與宗教，多位哲學家與文學家均提出看法，諸如：齊克果、尼采、杜斯妥也夫斯基、海德格、沙特、卡謬等，不少論述甚至涉略東方禪宗思想、印度哲學等等，已經遠超本書的篇幅。在此，僅有兩個提醒：

別因此指責自己「想太多」

對於生命意義的探索，是身為人最可貴的能力之一，千萬別以為這只是自尋煩惱，而產生自責或自卑的心理。若沒有這種能力，人類或許就無法擁有現在的精神文明和文化，更不會有哲學和藝術等發展了。

生命的意義沒有標準答案

生命的意義有個人專屬性，不會有標準答案——一位身家千萬的富三代在一場空難倖存後，對生命意義產生的頓悟，顯然不會適用於一位蝸居於五坪租屋處、每天被工作追著跑、看不到改變可能性的歸國文學碩士身上。現實生活不僅影響思想家的理論，也左右著每個人的感受。

因此，尋找生命意義的適切做法是：大量而廣泛地閱讀存有哲學與文學著作，各方比較不同思想後，一邊以實際生活經驗為基礎，一邊在和友人的對話中，建構專屬於自己的理論與答案。這是一個慢慢構築自我的過程，記得別太心急。

發現與世界的互動關係

人生有很多成功型態，不是只有透過競爭一途。在過往資源匱乏的年代，要增強競爭力，才能避免被社會淘汰，並且極大化財富、權力或地位，讓無數奉守教條的人們得以生存，獲得程度不一的成就，然而這也造成了生存者偏誤，讓大家以為「力爭上游」是成功的唯一法則。當他們試圖將價值觀複製到子女身上，便會忽略「生活條件已經大幅改善」的事實。若資源的累積不能換來人類選擇的自由，那一代代的努力又是為了什麼？

尋找一個讓自己快樂活下去的方式，與世界和平共存，是一種比競爭更進階的生存模式，這並不消極，而且甚至更有挑戰性。

—1—與世界建立連結，保持活躍

如果基本的生活、居住、財務等安全許可，也不在乎是否能成大功、立大業，那麼，人生要過得好，活得長久，還是得與世界建立起一定的連結。

我們可以和實體的人有所連結，譬如說：搬到鄉村開一間民宿，與當地居民過上雞犬相聞的純樸生活；可以和網路上的人建立連結，例如：活躍於不同討論群、開設IG、FB、Threads，與志同道合的人有所互動；連結的對象也不一定非得是人，也可以是貓、狗等寵物。實際上，已經發現有相當多難以跟人建立長久穩定關係的人，卻能跟貓、狗、兔子、倉鼠、天竺鼠、蛇、烏龜、蜥蜴等寵物建立強烈而持續的情感；當然，對象是花草樹木也可以，特別是那些容易受生死而感傷的人，在蒔花弄草之間，更能感受到那緩慢卻旺盛的生命力；甚至未必要與特定事物有連結，還可以轉向生活模式中會經常接觸的場景，例如：荒川莽原、奇石巨木、碧海穹蒼、牌卡塔羅、脈輪瑜伽、韓團追星、投資理財、古玩藝品……無處沒有不能寄情忘我的人事物。

連結就像支撐你生命的繩索，越多越好，並盡量避免單一化。**過度仰賴特定連結，容易暴露於過高風險而不自知。**例如：交遊廣闊的婦人，儘管生活歡樂，卻少了其他深入的連結，如果某一日因中風或慢性疾患，造成行動不便或怯於見人，生活有可能就會在一夕間崩毀，而在高齡化的社會下，類似的案例越來越多；又比如：整天在家上網的啃老族，儘管結交了許多網路好友，萬一某天母親病倒，也許會造成他難以獨力生活。

許多心理學實驗都顯示，人類不能存在於感覺被剝奪的狀態太久。多重連結可以減少個人連結突然斷裂、避免陷於感覺被剝奪的風險，從不同面向的連結刺激精神，可維持心理轉換情境的彈性，減緩煩惱焦慮、憂鬱沮喪、情緒不穩等問題。

如果可能的話，建議**至少保持三種面向以上的連結**（如：眞實人類、網路社群、動物、植物、戶外活動、時尚活動等等），最常見的組合就是：眞實的好友群、網路的聊天室、貓狗寵物。

反之，盡量別讓自己退縮到只剩下機械式的生活。無論是時時惦記工作的上班族、每天只會看盤的投資客，或是躲在房間不出門成天看動漫的御宅族，訊息都是同樣單一而沒有變化的。試著增加連結，讓自己多幾條綁在身上的安全繩索，生命也會因此變得更加豐富。

具體的做法可以從現存各種不同性質的社團活動開始。幾乎我們可以想像得到的領域，都有不同的團體，例如：荒野保護協會、台北市野鳥學會、攝影學會、動物保護協會、藝廊、表演團體、全國藝文活動全球資訊網……不勝枚舉，如果你對某種類型的活動感興趣，就可以到Google輸入關鍵字來查詢，再根據相關介紹，瞭解該團體是否適合你參加。

第二種做法就是報名各學校推廣進修部所開設的課程，也可以報考在職專班，透過環境的轉換，你不僅會建立新的連結、認識同好、拓展視野，更有機會能取得認證的學分或證照。而重回學校的好處之一，是它具有「強制力」，讓人可以透過既存的規定，減少剛開始嘗試就想打退堂鼓的機率。

2 培養自己的興趣

倘若說，連結就像支撐生命的繩索，那麼，興趣就是身上扣住繩索的鉤環。一般而言，在共同興趣的媒合下，特定連結才得以發展得更加穩固。

那麼，一個人究竟會擁有哪些興趣？其實影響因子很多，相當難預測。不如從具體生活來觀察看看，像是：自己在做什麼事的時候會感到快樂？如果做某件事覺得時間過得特別快、滿足感又高，那麼，它就有機會能成為你的興趣。但是，如果日子一成不變，很有可能會讓你過了很久也依然找不到興趣所在，因此，**增加生活中的各種新體驗是很重要的。**透過體驗，我們才能發現愛好，執著於培養興趣，它自然會變成嗜好；相較之下，在毫無體驗的前提下，要清楚說出自己想做什麼，難度相當高。

不過，在現今社會中常見的一個現象是：人們趨向於安逸，漸漸減少了嘗試，也就因此少了體驗的機會。會有這個現象，是因為我們的身心在時間旅程中被磨損太久，越來越疲乏，越來越膽怯，開始害怕改變，寧可專注在眼前的小確幸上，待在舒適圈，也不願做出新的嘗試。

這種人們常說的「兩點一線」、公司家裡兩邊跑、極簡化自己生活的狀況，比較容易出現在受過心靈創傷的人們身上，比方說，有負面的童年經驗、遭受過職場霸凌、鬱鬱不得志，或是經常發生家庭衝突、育兒負擔過重、不知如何和成人子女相處等。偏偏，**當你長期只做某些事，其他一律不做時，大腦會自動同步減少相對應的神經組織，把其他行為的技能封存、壓縮，丟到記憶深淵。**結果卻導致人們變得更懶了：懶得出門、懶得做這個、懶得學那個——事實上，「惰性」這種現象，本身就是老化的一部分，而老化從出生後就開始了，倘若在遭遇心靈創傷後，老化速度更是容易加劇，如果我們不強行逆轉這個狀態，就這樣成天待在家裡，對任何事都提不起勁，而喪失興趣的你又會無法與社會有所連結，進一步減損更多刺激，老化的速度便一發不可收拾了。

體驗——甚至是強迫式的體驗，有助於打破停滯不前的局面，在實際經歷過後，你在其中所得到的樂趣，自然能幫助你建立起某些嗜好。具體方法很多，形式也因人而異，不妨從以下四個方面多加嘗試：

跟隨伴侶一起探索新事物

通常，男性在退縮行爲的過程中，速度遠大於女性。一般而言，女性較善於與社會建立連結，不只樂於與人互動，也更願意嘗試新活動、新產品或是做出各種改變。所以，倘若男性沒辦法走出原有的舒適圈，不如多陪另一半參加各式各樣的活動，像是：逛街、去熱門景點打卡、到新餐廳嘗鮮等，只要控制好預算，有益無害。不過，不熱衷社交的人千萬不要以爲自己有什麼問題，人類之間的歧異性很高，與其他人不同並不代表你做錯了什麼。

結交非關工作的朋友

這點對於追求高效率的工作狂而言，特別重要。如果能讓你覺得聚會是一種浪費時間、言不及義的事物，那就對了。關鍵在於重複相同工作，會讓大腦爲相關事物建立起快速反應通道，造成神經反應途徑縮減，效率大增，優點是：大幅提升工作效率；代價則是：犧牲其他事物的處理效率，反映在人的主觀經驗，就是在做非相關工作項目時相對笨拙──基於人性，**人們會選擇重複有成就感的行為，放棄挫折的經驗，將之貶低為「無聊」、「浪費時間」、「沒有意義」等，讓自己的退卻顯得更加合理。**

我們無法分辨一些人事物是真的與你不對盤，或只是讓你感覺不太好。但如果你能放寬心胸，透過不同領域的朋友，帶領你體會其他事物的樂趣（除了工作以外），長久下來，就有機會融入該同好團體，或者自然發展出興趣，但如果和你的價值觀不符或難以適應，也不須太過勉強自己。

適度增加消費

過度節儉，會讓你失去部分的社會互動和興趣娛樂。我們常看到退休後的長輩，努力工作、勤儉了大半輩子，卻沒有培養出工作以外的其他興趣，也不太懂得「享受生活」，以前一下班就立刻回家，退休後更是無事可做，只好整日待在客廳看電視、滑手機，連料理、家務都不太會做。

如果能在預算範圍內，適度增加消費，有助於培養興趣。原理很簡單：活在資本主義社會，消費就等於增加對他人的需求，例如：接觸時尚，就必須分配時間來認識不同品牌，跟隨社會的流行趨勢，而這些行為又能增加與他人的話題與互動，回過頭來增加你的人生體驗，打破原有的線性生活模式，發展出更多興趣——當然，一切要在自己的能力範圍之內。

建立規律的生活習慣

不管你平常的行程是鬆散還是忙碌，建議大家仍要盡可能保留「固定的時間」，讓自己去從事一些額外的消遣。如果不正視自身的興趣，並排入定期的規劃裡，原有的生活模式很容易就會一成不變。

3 從記憶中尋找生命之鑰

倘若窮盡上述辦法，你對任何社交或事物依然不感興趣，該怎麼辦？此時，不妨想想，當你年紀還小，可能是念幼兒園或小學低年級時期，也像現在一樣，對各種事物感到興致缺缺嗎？

當然，那麼久的事，多數人可能已經不記得了。如果仔細回憶一下，想想當時上學必經的街道、校門、走廊、教室的模樣、老師的長相、陪你盪過鞦韆的兒時玩伴……那些記憶片段是否曾浮現在你的腦海中呢？

如果還是想不起來，不妨實際舊地重遊，看看自己住過的地方、待過的學校，儘管還是有一些不愉快的記憶，但是想著想著，你會回憶起一些特別的經驗，也許是過去的自己，或是早已不記得名字的同學、某個長輩溫暖的呼喚，縱然只是吉光片羽，但它們確實存在過。

大腦是一種累積痛苦與憂傷的機器。因爲具有負能量的記憶，往往帶有危險、警戒等重大資訊，相較之下，快樂的記憶對大腦來說，卻不是那麼重要。因此，在自然的狀態下，人類爲了生存，帶有負能量的記憶會被保存下來，快樂的記憶卻會被塵封起來，時間一久，腦海裡便只剩下負面的回憶，因而阻擋了我們的行事動機，避免引來更多痛苦。所以，很多人都發現，自己年紀越大，對新事物說「不」的機率越高，這個不好，那個不要，寧可待在舒適圈，以免遭到長期累積的負面經驗所懲罰。

爲了逆轉這個惡性循環，找回本來就屬於自己的活力，不妨回到記憶的源頭，特別是追溯往昔的童年記憶，去找尋自己還能樂在其中的事物，只要你能推開那扇塵封已久的門，你會訝異於自己原來有那麼多隱藏在腦海中的回憶。當潛意識裡那份壓抑的情緒被釋放，受傷的心靈得到安慰，各種興趣和新想法就會慢慢出現在你今後的世界。

從宗教與靈性中尋求明心見性

富足的一代相較於過往，在感受與思辨上，都超乎尋常地敏銳。擁有一顆敏感的心靈，自然不是俗世的財富、社會地位、權力、位階所能滿足的。新生代更關切自己的存在，思索著自我與宇宙、貧窮與富有、痛苦與快樂、生與死、過去與未來等各種形而上的問題。有時候，這些困惑會大到足以干擾生活，而形成顯著的痛苦與煩惱。

在尋求安定的力量中，有兩個人類史上影響深遠、不可忽視的力量必須考量在內：一個是從人本的位置出發，走到見性成佛；另一個則是相信神存在的基督信仰。

以前者爲例，在佛教的世界，本來就不以崇拜任何超自然力量爲基礎，佛教是罕見的無本體論、無宇宙論的宗教，它既不對「萬物的本質是什麼？」提出解釋，同樣也不對「宇宙的生成是爲了什麼？」做出說明。它只專注於此刻：萬物都在流動，那本質是什麼？我們不清楚，但是唯一知道的是，構築出來的表象相當短暫。

今天因爲因緣俱足，化學分子都聚在一起，所以可愛的小貓存在於你眼前，但即便如此，貓身上的血液，在一個月前也許還在阿爾卑斯山上的融雪裡，只是因爲水循環，來到了貓體內。可是你會爲貓流血哭泣，卻不會因山上的積雪消融而哭，爲什麼呢？在佛教的觀念裡，這是因爲你愛的是

「貓」這個「虛相」。當大限之日，因緣已盡，貓終將還歸天地，不生不滅，但你會為了貓的虛相相滅而傷心難過，因為你把感情全部依託在虛假的事物上面（虛相），卻不去在意真實的這個宇宙。感情如此，金錢如此，生命如此，獲得的快樂永遠比失去的痛苦短暫。所以，佛家的法門就是，透過各種修行，幫助人們把這個不平衡的等式校正回來。但是，佛家對於修行並沒有強硬的規定，條條大路通羅馬，然而，光想是沒有用的，有「修」就要有「行」。我將在下一頁介紹各種實踐方式。

另一方面，天主教與基督教則是建立在相信耶穌基督的神性上。由於耶穌「道成肉身」來到人間，所以人們才有可能因為相信而獲救（倘若耶穌只有神性，神性本來就不死，人就沒辦法因為相信神而獲得永生）。這部分是建立在信仰之上，透過信仰，所有的問題都有機會得到解決，而且在心理上無法彌補的，在宗教上仍有可能獲得堅實的答案。問題只在於你有沒有辦法全然相信而已。

這些方式，都超越了心理諮商的範疇，而是在更高的層次，爲人們的問題尋求可能的解答。接下來，將從四個方面，來談談如何從宗教靈性中獲得超脫煩惱的方法。

1 活在當下——把自己從過去與未來中釋放出來

活在當下的意思並非不去思考過去或未來，而是用全部的精神，去感受此時此刻的體驗，包含：從你耳邊流過的風聲、蟲鳴、光線的角度、身體的姿勢、肌肉的張力、呼吸的節奏等等。

你既不能改變過去，也不能控制未來，那爲什麼不充分享受當下呢？

有個求道者向禪宗誠心詢問：「要如何才能得道？」

「吃飯，睡覺。」禪師說。

求道者聽完驚訝極了。

「吃飯睡覺就能得道？那不是每個人都在做的事嗎？」

禪師搖搖頭，回答：「大多數人吃飯的時候都不吃飯，睡覺的時候都不睡覺。」

正如以上故事的禪師所言，許多人吃晚餐時，常常一邊盯著手機，那麼，你花了那麼多錢去餐廳吃飯，卻專注在手機的影片或社群媒體上，那不是很可惜嗎？承受了工作辛勞得到的金錢，才換來美味的餐點，卻沒能用心品嘗，豈不是有苦無樂？同樣的道理，買了好車，卻不專注於享受開車的樂趣，拚命對超車的人生氣，意義又何在？上班下班只和家人打聲招呼，回家後便各做各的事、毫無交流，又哪裡談得上家庭和樂？

活在當下，是為了留住龐大的美好經驗，與生活中的繽紛色彩，而非把心神分散在沒有意義的未來、擔憂與恐懼上；也不過度糾結於那些不能改變的過去、悔恨與沮喪——此刻在做什麼事，就專注於當下，用全部的感官去體會，將視覺、聽覺、嗅覺、味覺、觸覺、體感全部聚焦於現在，讓有限的時間，絲毫不浪費地流經此刻的你，帶給你最豐厚的生命體驗。

2 諸法空相——任何人事物都並非恆久不變

我們如何確定這個世界存在？唯心論者認爲：「這個世界之所以存在，是因爲有你，你相信它們存在，所以它們才存在。」唯物論者則嘲笑說：「倘若世界的根源是你，你怎麼知道眼前的椅子，不會在你移開時線時變成兔子？等你移回視線，又變成椅子？顯然，物體才是世界的根源，你只是受影響的那個人。」

德國哲學家康德（Immanuel Kant）則集其大成，提出本體與表象這兩個概念：人類只能看見表象，卻無法得知其本體是什麼，隨後黑格爾（G. W. F. Hegel）又提出評論。我們暫且將哲學討論擱置在一邊，其實，佛家在幾千年前，就已經有過類似的辯論，釋迦摩尼佛認爲：「這世界萬物的本體是什麼？我們根本不知道，與其以有限的生命去關心『人類的本質是什麼？』、『宇宙的來源是什麼？』這類問題，還不如來想想眼前的一個大問題，那就是本體不斷變化，所形成的『相』。人類的痛苦，就是把各種暫時的『虛相』當成永恆不變的『實相』——在虛相尚未消失前，就煩惱擔憂失去；在虛相幻滅後，就痛苦於擁有不再。」

舉個例來說，當人沒錢時，就會期待變富有，有了錢之後，得到的快樂卻很短暫，因爲你無法永遠擁有它，最終錢財還是會透過投資失利或贈與、繼承而離開你，留下的煩惱與痛苦卻難以抹滅；自從有了女兒，你便全心全意照顧她，固然快樂，而愛女長大離巢之後，必然會讓你感到失落，但是在還沒有小孩以前，與伴侶兩人依然過著美好的日子，完全想不到未來的心情會有如此巨大的轉變。

那什麼是擁有呢？金錢？親情？健康？你身體裡流動的水分，或許幾年前還在北極冰川，因爲降雨而被你喝下，不久後，又化爲尿液排出，蒸散成雲——我們時時刻刻與這個世界交換著自己，所謂的生與死之間，唯一差別是一個在你眼前，一個還諸天地。實體從來就「不生不滅、不淨不垢、不增不減」，所以你割捨不下的，是人們的笑容、天眞、惹人憐愛的動作，以及一切種種的「虛相」——偏偏虛相是說變就變的，因緣而聚，因緣而散，但人偏偏看不破這個道理。

《心經》記載了原始佛教的這個重要教義，卻知易行難——我們本來就活在七情六慾的虛相之中，爲虛相而有喜怒哀樂，要參透《金剛經》的「一切有爲法，如夢幻泡影，如露亦如電，應作如是觀」，又談何容易。

不過，如果你已經對這個勾心鬥角、爭權奪利的世界感到極度厭倦，難以再有熱情，那麼，也許很適合從這道清淨無爲的法門，重新出發。不一定要參加佛教團體，一開始，從坊間或網路上，也可以找到不少佛學的影片或書籍。畢竟釋迦摩尼是爲了讓世人離苦得樂，才發展出「佛學」的。

3　大愛無我——不過度執著於「小我」的煩惱

透過大愛來超越虛相，也是佛家的重要心法，而且便於身體力行。說穿了，我們會執著於虛相、無法放下，其中一個關鍵的原因是，我們只在乎自己與因愛而連結在一起的人，然而，自己與親己者對象太少，相由境轉，一旦外在處境改變，就會強烈地牽動我們的情緒。

我們可以把「付諸大愛」想像成投資上的分散風險。倘若我們只關心自己，等於是把所有的雞蛋都放在同一個籃子裡；如果我們也關心身邊的家人與朋友，那麼，部分雞蛋就會放到其他少數的籃子中。然而，沒有一個人能逃脫得了生老病死，各種突發狀況、難以預料的災難時時環伺在我們周遭，光憑這麼有限的「資產配置」，煩惱與痛苦完全沒辦法分散。

對應到現實生活中，像是：我們若非對父母的干涉感到憤怒反感，就是憂心父母年事漸高；有時候擔憂自己一事無成，或者在工作逐漸有了起色之後，又害怕業績走下坡；一方面覺得眞心的朋友關係不易維持，另一方面又覺得衝刺事業更重要——因爲我們在乎的人事物過於侷限，所以各種憂慮、矛盾、痛苦永遠縈繞心頭。

倘若可以讓自己關心的對象擴大，比方說，關心失學孩童、獨居老人、少子化問題、氣候暖化、瀕危動物、地緣衝突、非洲饑荒……天下人事物無所不關心，那又會如何呢？

事事關心的極限就是樣樣不關心，因爲愛已經分散到極大化了，沒有任何事物能夠羈絆人心，也就是不執著於任何「小我」的狀態。這是另一種超越「我執」的方法，避免事事都以自己爲重，以「自我」爲中心。

如果將大愛發揮到極致，愛本身也會成爲執念——只有接受事物本身的樣貌，如其所是地接納，一切煩惱才會歸於寂滅。當然，要達到這樣的境界並不容易，實際上也不需要如此。**透過大愛來關心他人，確實就能降低對自己的患得患失**，而每種失落所造成的傷害，也可以透過其他你所關愛的客體來塡補內心。

具體的做法建議如下：試著找個公益團體，實地參加志工活動，別只是捐款。在擔任志工的過程中，自然會有培訓、服務、出隊、訪問等等的活動，一方面這樣循序漸進的流程能有效降低參與的難度；另一方面透過服務弱勢族群的機會，把對自己的煩惱擴大到對衆生的關懷——就算做不到「無我」、「利他」的舉動，只是走出自己的社會位階，放下總是忍不住羨慕他人的眼神，補足內心的相對剝奪感，也能削減人性中的貪嗔癡。最後，志工團隊能夠爲自己擴展非功利的人際關係。當然，有人可能會問：

「萬一志工團體裡面一樣出現炫富、攀比的情況怎麼辦？」答案很簡單，斷然換一個吧。

4｜從宗教信仰到自我超越

宗教的本質不是勸人爲善，而是在於「信仰」本身——一旦你信了某個宗教，你對人生的各種困惑，在其教義中，從本體論（如：人從何處來、死後又到哪去）、宇宙論（如：爲何會有這世界）到倫理學（如：什麼才是正義與公平），都能得到完整的答案。

當然，這些答案無法透過理性與科學來檢證，正如法國科學家帕斯卡（Blaise Pascal）所說：「正因爲我無法理解，所以我才信仰。」而我們可以如此理解：虔誠的信仰能解決人類的煩惱與痛苦，但無法判斷信仰的內容是否爲眞，更不能比較宗教是否存在高下之分。

從中世紀以來，信仰裡的「善」便是指全然的相信：當人生一切的問題都有了答案，使能不再恐懼、痛苦與煩惱，保持身心充盈的狀態；反之，如果對信仰起疑，就會陷入充滿疑慮、不穩定、空虛無助之中，處於「匱乏」的狀態，也就是「惡」。

試著想像一下，嬰兒剛出生時，被誰抱著他都會笑；過了一段時間，當自我意識出現後，人開始知道危險，被陌生人抱在懷裡時就會嚎啕大哭。無知確實是一種力量，如果沒有想太多，做起事來可能會非常有衝勁；而**當一個人知道得越多，越容易患得患失，也越難以行動**，甚至因此而充滿煩惱，若無法如願所償時，使會承受極大的痛苦。

而宗教提供了一個解方，就是信仰。透過信仰讓一切有了答案，內心自然能回復平靜。當然，歷史上許多哲學家也提出過不少替代方案，例如：尼采的《超人說》，相關譯作很多，感興趣的讀者可自行閱讀。

各種宗教都有其皈依方式，只要經常接觸，自然能慢慢建立起信仰，於此就不再多做介紹。僅針對實務上常遇到的兩大問題進行說明：

首先，宗教狂熱者常常逾越人神分際，扭曲神意，例如：許多信徒明明已經把煩惱重擔交託出去，卻又拿回來揹在自己身上，整天想討好神、擔心不夠虔誠、儀式不夠莊嚴，上帝會不喜歡；或是巧立名目，假借神意，比方說，斷言精油、同性婚姻是魔鬼的東西。如果遇到這種情況，你只需要聽從內心，倘若感受到被包容、接納、希望與溫暖，大過於羞恥、被責難、否定、被威脅與恐嚇，那就留下，反之，則離開。

其次，信仰超越了理性與經驗，我們無法定義宗教的好壞，有時候會導致人們難以判別與選擇。關於這個問題，我們可使用「社會適應」來作爲判斷的準則：有功能的宗教能帶給你心靈的平靜；有些則使人與社會脫節，或變成過激分子，一味地反抗主流價值——何必爲了信仰，與家人朋友發生激烈衝突，或者將自己的信念強加在他人身上呢？

提供幾個判斷方式如下，與其說它們是理性的，不如更接近實務：

- 在接觸該信仰的過程中，你的自身經驗必須是良好的，過度美好與詭譎異常的，則盡量與之保持距離。
- 良好經驗必須有一致性。從頭到尾，都必須感受良好，一旦有那裡覺得不對勁，就可以轉身離開。不能以考驗信仰或任何名目，要你推廣教義或爲了充實經費而行多層次傳銷。記得，就算你是天選之人或百年難得一見的奇才，也絕不會出少數幾個教友來告訴你，宗教不會因爲失去你就招來什麼嚴重的後果。
- 倘若家人反對，倒也無妨；如果連身邊朋友都反對，特別是不同領域的友人（如：交情好的同事、認識許久的小學同學），那就該抽身了。若你不敢告訴別人，那就表示你內心也知道可能會被反對。
- 信仰的核心就是信仰，不爲了其他任何理由，諸如：擴展人際關係、討好他人、獲取金錢、怕會帶來厄運等等。

事實上，我曾有位個案在大學期間參加某聚會，竟然是因爲師姐年輕漂亮，讓他心動不已，想看看有沒有追求的機會；卻在畢業後擔心求職路或受到影響，而不敢離開——這已經完全背離宗教的本質了。

Chapter 5

面對不同狀態，也能活出自己的樣子

當有人告訴你「要怎麼活才會快樂」，

那可能只代表了社會的主流價值，

不一定適合你，

不需要將他人所認為的「好」，強加在自己身上。

世上最公平的一件事，就是沒有任何人生來就快樂。

在過去幾十年間，辛苦奮鬥的人們靠著智慧、辛勤、離鄉背井與無止盡的打拚，贏得了財富，也留下龐大的情緒垃圾，諸如：被事業榨乾的家庭氛圍、爆炸性般的壓力宣洩或反向的過度疏離、無止境的要求與期待等等，都由毫無選擇的年輕世代概括承受。

表面上，這是最富足的一代，卻也是最無奈的一代——他們從小承受家庭變遷的衝擊，成長後等待他們的卻是一個失序的社會，包含：嚴重貧富不均、收入所得遠遠追不上通膨、學歷貶值、房價飆漲、階級翻轉困難等諸多問題。偏偏他們又受過良好的教育，擁有了深刻的洞察力，也能清楚感受到問題所在，卻無力改變，還得承受上一代的情緒勒索，強加所謂「應該感到幸福」的義務，被要求為前人給予的一切懷抱感恩，不這麼做就好像不夠知足一樣。

煩惱與痛苦是人類的基本權利，誰都不應該因爲「不知足」而被譴責——人類要是安於現狀，今天的我們又如何能夠換來更好的生活呢？

然而，隨著生存條件不斷抬高，煩惱與痛苦也隨之提升，光憑「努力」遠遠無法有效解決問題，而富足的一代必須停止被情緒勒索與自我檢討，大步向前，勇敢適應新的環境、新的挑戰，並且找尋新的解方。

站在未來，療癒過去的自己

儘管原生家庭、同儕、霸凌事件、親密感障礙、創傷經驗等，對今天的你有至深且遠的影響，然而，如果不先解決過去的問題，就「必然」無法向前走嗎？倒也未必。**關鍵在於，何時是解決問題的最佳時機點？**

首先，因治療費用相對昂貴，此刻的你未必能選擇最佳的治療方法，很多人只能屈就於沒有計畫下的無止盡治療（例如：本人沒有持續回診，卻長時間反覆拿藥[14]）或是成本較低的方案；即便經濟條件許可，仍有一個說不通的地方：爲什麼諮商費用是身爲受害者的個案來負擔？

許多家庭問題造成的創傷，減損了子女的社交能力、情緒與工作穩定度，然而，有些自我感覺良好的家人（通常是父母）並不認爲是自己的問題，不但不加入治療，連費用也不一定願意協助分擔，甚至揶揄勇敢走向療癒的下一代。問題在於，這些受害者都已經因爲情緒與工作不穩而困於經濟壓力，又如何獨力爲自己的受創，扛起如此沉重的負荷？

在社會中走向康復之路

其次，還有個相當現實的問題：工商業社會極其忙碌，如果需要漫長的諮商來療癒自我，等你有勇氣重新出發時，恐怕升遷、表現、創業等機會都已經不再。

最後，**「傷害得到修復」與「重新進入社會」是兩回事**。我們見過不少一輩子在諮商室徘徊，卻始終回不到職場與真實生活的個案。這個社會的複雜度早已超過心理治療學派興起的維多利亞年代，專業化、分眾化、分工化、網路化、去中心化，讓人們重新進入社會的難度遠超乎當時。

基於上述理由，我認爲眞正的康復必須是在社會中完成的，而且療癒的元素應該更多來自社會原有的互動，如職場、朋友、感情、社團等關

14　需要補充一點，近十幾年來，已經越來越少醫療院所提供「非本人代為拿藥」的服務，換言之，就算你服用某種藥物已經長達二十年，劑量完全相同，病情也毫無變化，照樣得由本人親自跑一趟，讓醫師診治後，才能領藥。但如果當初個案是經過醫師診治，醫師開出了處方箋，不管是健保一般處方箋，還是健保慢性處方箋（一個月可調劑一次，最多可以連續調劑三次），在這之後，家屬就可以拿尚未調劑的處方箋去反覆領藥，該處方簽一共可領三次。

係，而在第一時間，藥物與諮商該扮演的角色，更像是急診室內的急救功能——**先解決眼前的問題，讓你有辦法回到社會，再透過社會中的互動，找尋自己的戰場與自身的角色**，無論是與家人和解、藉由工作上的成就建立自我價值、養活自己，找到願意付出愛的對象，進一步成爲被社會所需要的人，由社會角色來爲自己代言，改變自我的形象（可參考〈第四章〉）。

在初步建立起自己的經濟基礎與自信之後，不只預算變得更寬裕，對自我的認識也增加了不少，你已經比過去更清楚自身的需求，此時，再依照實際情況進行較深度的心理諮商。而在諮商中所得到的建議，又能讓你回到眞實生活中進行驗證與修正。

換言之，此刻的你，對自己的狀況瞭解越多越好，然而，你並不需要立刻解決所有問題——別忘了，你永遠有明天，此時要做的，就是透過今天的選擇和社會參與，讓明天的你更有能力解決過去所留下的問題，讓今天的你過得更好。

多年前曾有一位女高中生找我求助。言談間，明白她承受了家庭失和外加無法融入同儕的校園生活。由於未成年，依法我必須確認監護人是否知情，女孩搖搖頭。我納悶地問：「家人不支持，妳的諮商費怎麼辦？」

「我每天有一百元生活費，每天省一點，從高一存到高三就夠了。」

我愣住了：「妳就打算來這麼一次？」

她點點頭，說：「我讀過你的所有文章，我想你應該能幫助我。」

聽完，我立刻停止原有議題的討論，化身爲不專業的社工，幫她盤點可用資源，包括建議她到學校諮輔中心尋求協助，考慮到大考將近，不求從根本解決問題，先尋找支持性的心理治療即可，協助她將重心放回大考，爭取到外地公立大學讀書的機會，與病態的家庭動力隔絕，若有憂鬱或焦慮問題，可以考慮找年輕身心科醫師的健保門診——他們職業熱情十分足夠，也有時間傾聽，甚至會願意轉介院內心理師或社工師，爭取一些福利。一切以回到大學體制、取得較好的就業條件、增加人脈、擴展人生視野為準則。女孩愣愣地聽著我安排，最後，我把所有會談費退還給她。

「妳未來比我更需要這筆錢。若妳真的想付，幾十年後，付給未來妳覺得能幫上妳的醫師或心理師，當然，如果我還在崗位上，我依舊歡迎妳。」

找到專屬你的身心健康

沒有一種好，叫做你必須怎麼過生活才算好；也沒有一種健康，是人人都適用的。比方說，每個社會中都存在相當比例的人越晚精神越好，工作效率越高，原因不明，已知的是，幾千年來他們只能被迫跟所有人進行一樣的作息，直到電燈照亮城市的夜空，他們才終於有了選擇……有護理師自願包下全部大夜班、證券分析師自願專盯美股盤、矽谷的程式設計師遠距在台灣上班……諸如此類的案例不勝枚舉，同事開心，他們也滿意。但是這樣的生活健康嗎？很難說，倘若他們單身，或許無妨；伴侶兩人都是夜貓子，那可能也影響不大；一旦有了小孩，到了上幼兒園、小學的年紀就會出現不少問題；若另一半或其他家人都是日間工作者，問題則更大。

社會主流的價值觀不一定適用於你

顯然，**一個人的身心是否健康，重要的關鍵在於他與周遭能否有效率地互動**——任何衝突、忍耐、疏離、扭曲、孤立都會降低互動的效率。在沒有選擇的情況下，只有一種健康形式（比方說早睡早起）；在有選擇的前提下，健康就變成一種多重組合，在周詳安排與考量所有人的利益後，每一個最佳解，就是一種健康狀態。以上述例子來說，可能就需要在高效工作與家庭生活間折衷，妥當分配作息，以兼顧兩者。

同樣的道理，長年專注於工作成就的人，固然要培養自己的興趣，增加社會連結，也建議不要離工作舞台或成就領域太遠，也不一定在達成了財務自由之後，就得馬上退休，考慮轉任不太需要頻繁進公司的顧問職或許更爲合適。因爲過去長期累積的習慣並不容易改變，比方說，適用於背包客浪跡天涯的自在逍遙，對於工作狂而言可能有致命的毒性；反之亦然。同時，這種社會角色的轉變，會讓人失去從工作地位上得到的滿足感及責任感、難以維持職場裡建立起的人際關係，還可能導致自信心下降等等。

當有人告訴你「要怎麼活才會快樂」，那可能只代表了社會的某種價值，不一定適合你。**不需要將他人所認為的「好」，強加在自己身上**。身在紛亂的時代，沒有所謂單一的匱乏來源，而人們不僅有了多重的選擇，也隨之產生了更繁複的煩惱與痛苦，或許你可以多方嘗試各種會讓你感到快樂事物、多接觸讓你覺得有意義的活動、多和能使你感到充實的人們相處，藉此找到專屬於你的健康之道，才能最大程度減低不快樂發生的機率。

從狀態三角，踏上自我修復之路

爲了找到適合的身心健康方法，就得先認識自己的特性。爲此，本書設計了一個狀態三角，由「被成就束縛的牛」、「被自我禁錮的貓」與「被群眾制約的人」一組成，分別呈現出富足一代常見的三種狀態：過度努力、毫無動力與隨波逐流，並針對每一項提出適當的建議。

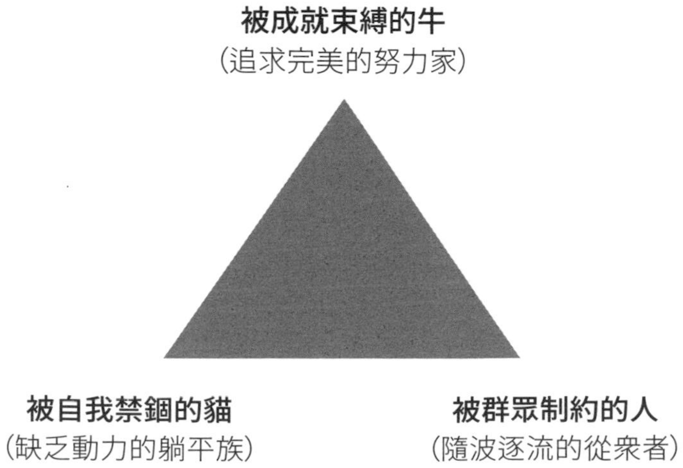

這三種狀態可以同時共存，也會快速轉變，大家可視自己當下的處境和心態，來尋找目前最適合的應對之道。

1 被成就束縛的牛

有人會說：「不要像田裡為主人拉犁的牛，為了換取肯定而不斷付出勞力；要像被寵在客廳沙發上的貓，光憑自我感覺良好就能豐衣足食。」問題是，如果牛就是牛，難以改變呢？答案很簡單——那就不要改，繼續當牛，靠著勤奮和努力，把田打造成牛的天堂。

很多人始終忘不了父母的耳提面命，像是：時時刻刻都要進步，不然就會落於人後、小心沒出息、沒競爭力、被社會淘汰。長大後，這樣的習慣已經定型了，即便父母不在身旁，也很難有所改變。久而久之，我們沉迷於學業與職場給予的獎勵，活在眾人欽羨的眼神裡，卻忘記留點時間給自己，忘了好好生活，而是不斷鞭策自己更上層樓，把每一件事情都做到最好……然後呢？在前方等待著我們的，不見得是對自我的肯定或對人生的滿足，可能反過來因為過度追求完美，覺得自己仍做得遠遠不夠。

儘管你內心知道，人生有很多不同的選擇，不是只有功成名就一途，然而，要調整多年習慣卻絕非易事。這時，又該怎麼辦呢？

誠實面對自己的成就慾望，適當滿足它

無須強調，也不必討厭自己的行為，只要想清楚，追求成就必然要付出代價，例如：時間、精力與青春，而換得的成就到底是為了什麼？

很多人困在無端的恐懼之中，擔心一停下來馬上就會被人超越——倘若眞是如此，那這個「暫時的成就」是你想獲得的嗎？值得你花一生的歲月去追求嗎？如果不值得，那麼，「何時下車」就顯得非常重要了，現代人的退休時機不一定是隨著年齡來到六十五歲，要考慮的還有你在退休之前

是否存夠了錢？存夠了朋友？累積了足夠興趣？培養了社交圈？

倘若並非如此，成就其實不會在眨眼間消失，那麼，這樣的恐懼可能只是你想像出來的。你擔心一鬆懈就再也振作不起來？不夠認眞就會感到焦慮、有罪惡感？不努力也不知道要做什麼？或者，根本不知道爲什麼，就是很想盡全力做到好？先處理好你內心眞正的恐懼，而後，分散自己對於成就的依賴。比方說，想一想你身爲一個人，拿掉了工作，還剩下什麼？如果不提工作，你還有沒有其他話題能跟別人聊天？如果將工作從你生命中刪除的話，你是否仍有可以交心或偶爾聚聚的朋友？

反過來說，當然也不用把成就需求丟得太遠。當你離開工作太遠，覺得自己的人生失去意義時，可以像擠牙膏似地，一點一滴釋放出來，適時滿足自己對成就的渴望。也就是說，不要離開你的工作舞台太遠，你可以透過和他人分享自己的工作經驗、到企業或學校單位傳授自身的閱歷，讓你的光和熱保持一定的餘溫。

把部分成就動機轉移到「權力動機」

權力泛指對人事物的控制。對於成就導向者而言，成就的迷人之處通常超越了權力，畢竟後者牽扯較多的是非、爭奪與心機。然而，權力動機的培養卻能幫助人們在以下兩個面向上獲得發展。

首先，權力的取得勢必透過人與人之間的接觸，包括：妥協、合作、結盟、敵對等等，對於長期「被束縛的牛」而言，有助於他們解除其桎梏，因爲在與人的競爭中，獎賞不再來自於單一的管理者，而是戰場上的整體勝利，透過團隊的合作、友軍的結盟、敵對勢力的攻防，人們能夠學會打開自己，學習從社會互動中取得價值感。也就是說，你不一定只能著眼於如何討好老闆、怎麼成爲全公司業績最好的人，還可以從跨部門溝通、整合公司資源、帶新人訓練等等來獲得成就感。

其次，成就追求者往往過度在乎自己的表現，而忽略了如何將一技之長組織起來，並且傳承下去。要提醒的是，年輕的時候可以靠能力，年紀漸長之後就得依靠整個組織的運作，當獨行俠不見得能夠長久。倘若沒能把自身的努力轉化為體制內的成果，年長時可能會面臨巨大的失落感。

舉個例子來說，同樣是成就導向的工作者，年輕時喜歡批評公司的愚蠢與無效率，在遭到忍無可忍的主管不留情面地羞辱後，被公司資遣。後來，其中一位選擇自立門戶，與前公司打對台；另一位則是保持桀驁不馴的氣焰，周遊於不同公司之間，而相同的場景重複上演，他的工作資歷遲遲無法有效地累積。

十年過去，前者因為親身投入，把專業才能都發揮在技術上，但為求公司營運順利，他後來學會了廣納人才，如人資、公關、行銷、業務等等，即便他是老闆仍得適應社會的經營法則。也終於明白當年自己看不起的無效率工作，只不過是他從單一立場來看待，缺乏整體性的思考——即便個性不容易修正，他至少擁有一間公司，而公司的權力也保護了他，當他不再年輕，思緒不再銳利，仍有輝煌一時的權位身家。

反觀後者，年輕時出盡了鋒頭，任何事都想靠自己一人來完成，也經常因爲和公司理念不合拂袖走人，十年過去，他仍繼續貫徹「個人英雄主義」的行事風格，依然是個獨行俠，到了青春不再，能力過時、難以進步的時候，自然會迎來無盡的失落。

上述的故事是以創業爲例，事實上，所謂的「權力動機」，只要是能與他人合作的職位或角色，例如：各級主管、政治人物（里長也算）、導演、策展人等等，並且能夠透過年資、升遷、公開作品、政治影響力、社會人脈、知名度等事物累積個人權力的角色，都涵蓋在內。

把部分成就動機轉移到「同儕動機」

不管社會透過競爭創造出多少地位與榮耀，光芒終究會回歸平淡，試想你退休的那一刻，「非關工作」的朋友還有多少？活在世上的親戚長輩晚輩有多少？能跟你緊密在一起的伴侶還在身邊嗎？這些才是眞正能長期陪你過一生，甚至走到生命最後一刻的人。

不論是從學生時期就結交的老友、偶然旅行時認識的同道中人、出社會後一拍即合的新朋友，把握住眞正對你好、你也願意讓他付出這份溫柔的人，從何時開始都不晚。

抽空發現這個世界的美好

在前一章裡，我們提到了人與人的角色關係，也提到了如何面對社會的亂象，更提到了自處之道、古代哲人與宗教層面的方法。這一切，最後還是要付諸行動，才會帶來實質的意義。

如果資本主義告訴我們要在工作中追求效率，那麼，提升效率就是爲了讓自己有更多工作以外的閒暇時間。富足的一代，常常在工作時，甚至在離開工作以後，都依然處於緊張的狀態，又因責任心強，客戶或老闆找你就立刻回應……我們太習慣不停地付出努力，爲了效率而犧牲原來的生活。但或許，**有些生命中的美好，是來自「不追求效率」的醞釀，是因為浪費了時間而產生的**。因此，不管工作再怎麼忙碌，也應該給自己一段自由的、不被侵占的時間，讓身心偶爾得到緩解，它不是爲了提高工作上所需的能力，也不具任何功利性。

除此之外，我們還可以從意識到這世界的美好開始，比方說，定期寫感恩日記，想想今日值得感謝的事；在逢年過節時一邊想著家人好友對你的好，一邊送上簡單的祝福；看到別人出國旅遊也不只是遠遠地羨慕他，你也可以自己踏上旅程或邀請身邊的好友；在通勤路上聽聽喜歡的音樂或Podcast；週末時做一件能讓自己感到放鬆的事……可以從簡單的小事開始，讓自己的世界變得豐富，而漸漸明亮起來。

2 被自我禁錮的貓

有些人不斷鞭策自己前進，也有人成了沙發上的那隻貓，每天只要懶洋洋躺在那，就能過下去；想做什麼，家人也不會管，或者管了也可以不予理會，只是自顧自地玩手機、追劇、看影片、上網；平時幾乎閒來無事，偶爾交交朋友，談個戀愛，就算盡到了生存責任。生活本當是很愜意又充實，卻偏偏提不起勁，對於任何事都一點動力也沒有。

日子就這樣一天天過去，即使不會怎麼樣，但隱隱約約還是覺得有哪裡不對勁，卻又說不出來。別人會建議自己該去做點什麼事，但有什麼「正事」好做呢？任何事都有人幫忙做得好好的，自己比不上這些人的能力，也沒多大興趣，犯不著拚死拚活跟人競爭，強出頭又自討沒趣。

這是富足一代中的另一個極端現象：**父母將自己對生活苦難的恐懼投射在孩子身上，害怕他們在生存競爭中受到傷害，不忍心自己受過的苦重演一遍**，於是，用其強大的能力創造了一個近似天堂的地方，圍繞在孩子身上，把每一件事情都做得好好的。然而，此舉卻等同於扼殺孩子的學習機會，讓他們沒辦法從錯誤中成長。沒有失敗的痛苦，自然也就沒有成功的快樂，更不會有對於努力的期待與追求成就的動機。

貓牛二元性是很容易互相轉變的，而且很有可能說變就變。很多「被自我禁錮的躺平族」在生命中的某一個時刻，忽然意識到自己處境的脆弱，突然站起身向前衝，變成一隻被成就束縛的牛。然而，始終不願改變或根本毫無覺察的也不在少數。倘若，貓咪始終就是貓咪，慵懶而頹廢，或心有餘而力不足，至今都難以做出改變，該怎麼辦呢？

練習注意到他人的存在

當一個人變得「無法振作起來」，許多人的焦點都會集中在「方法」與不努力的「下場」，而忽略了「爲何而戰」的重要性。正如〈第四章〉第188頁所述，一個人要成爲對社會有用的人，需要思考的前提是：爲誰而有用？爲自己嗎？但是自己早已經被父母管教得服服貼貼了——躺平族的父母往往透過其老練的社會經驗，把最佳的道路指出來，避免孩子「走冤枉路」，導致孩子連嘗試的機會也沒有，這樣一來，他們自然缺乏動機。畢竟沒有失敗，就無法體驗成功帶來的喜悅，這些孩子只好索性將自己的未來交給父母去負責了。

解決之道有很多，比較好上手的方式是**向外尋求動機的補足**，透過關係的連結去尋找爲其奮鬥的對象，走出自我中心，意識到世界上不只有自己，還有形形色色、各式各樣的人，他們跟自己一樣，有痛苦、有喜悅、會做夢、也會有害怕的時候，一樣重要又微不足道。試著從關係中再次意識到自己是社會的一分子，重新確立你的角色。

當人們學會用愛把自己與他人連結在一起，學習到無條件的付出時，力量就會再次回到自己身上，因爲，你已經不再無足輕重，世界上也有了需要自己的人事物。

覺察自我的情緒

當人活在自我當中，缺乏社會的支持，情緒的起伏是相當大的。由於理性缺乏控制情緒的能力，因此，增加對於情緒的覺察，就成了優先可行的辦法。人們雖然沒有神經迴路可以直接透過理性來控制情緒，但是能理性改變環境，以間接改變情緒。常見的做法包括：增加情緒的覺察能力與歸納出情緒的變化節奏，瞭解自己的心情規律（比方說，在什麼樣的時間空間、遇到什麼樣的人事物會有情緒波動），而後透過**「知覺—運動—情緒控制鏈」**來改善。例如：心情低落時，吃點甜食或麻辣鍋來改變味覺，間接改變低落情緒；又或者透過慢跑、大肌肉運動來抑制低落的心情。

培養興趣，增加社會連結

人不能離群索居。越是孤獨，維持身心健康的難度就越高。因此，建議大家仍要多增加社會互動，無論是實體的還是虛擬的，不管是對人、對事、對物，如果能透過實際接觸而發展出興趣，對於走出自我、建立社會角色，都有很大的幫助。

傳統的社會角色來自職業分工，例如：醫師、基金經理人、工程師、作家、畫家、警察等等，當我們想起這些「名詞」，不可避免的會引發一連串刻板印象，而擔任這些職業的工作者，往往也會有同行共有的文化背景，倘若不這麼做，就會顯得很奇怪。例如：醫師穿了件律師袍看診，或是警察戴了頂鴨舌帽指揮交通，不僅引人側目，說不定還會上新聞。

然而，富足一代所需要的社會角色實際上更加廣泛，也更有彈性，重點在於能強調個性，標識自我，只要這角色能產生特定功能，比方說，操作電腦時遇到問題，找你就對了；一群朋友相約出遊，不知道有哪些美食，問你就對了；或者突然有個正式活動，不確定如何穿搭才好，找你就對了——這類功能性的社會角色，都會讓你對電腦系統、玩樂、穿搭等事物產生更高的興趣，自然衍生出更多的社會連結。濃縮爲一句話就是「設法讓別人遇到特定情況時，就會想到你」。這種自由建構出來的社會角色，是最具有積極引導作用的。

激發競爭性與成就動機

倘若能夠成功發展出成就導向的興趣或志業，不必擔心會轉變爲被成就束縛的牛，習慣躺平的貓咪仍然是貓咪，你需要擔憂的是退回原點，而不是過度投入。因此，如果有任何事物能激發自己的競爭性，不如就好好地體驗一回，試著奔跑起來，看看成就感能把自己帶到什麼樣的地方。

3　被群眾制約的人

表面上，這一群人相當令人稱羨，也許出於是天賦，也許是因爲有長輩們的刻意栽培，從小他們就有著上得了檯面的社交能力，在大庭廣衆下表現得體，用詞舉措得宜，不只多才多藝、學業表現出衆，也懂得善用優勢，爲自己爭取更好的競爭地位，還能周旋於不同社交團體之間，泰然自若、落落大方、進退有禮，看似天之驕子的一群人。

然而在他們心中，依舊藏有焦慮與恐懼，只是經過多年的訓練，並不容易對外展現。因爲外人看不見，也讓他們成了最容易被社會安全網忽略的一群，除非憾事發生，否則根本沒人相信他們內心的煎熬。這些優秀的人，隱藏的痛苦與煩惱可能比一般人還嚴重。有可能正因爲沒有人相信，導致他們根本無處宣洩心中的壓力，即便是知心好友，也僅會將他們當成模仿、學習的對象。他們只能拉高自己的標準，戴上更厚的面具，講更正向的話——好讓家人、親友與大衆不會失望。

他們追求的不只是個人的成就，還包括在群衆或親友面前表現得體，他們並不悠閒，但必須時刻保持優雅的姿態，因爲他們知道自己的一舉一動都是被人觀看的。

然而，隨著生命週期的推進，例如：結婚、為人父母、創業等，或是身體健康的變化，個人的選擇等形形色色的理由，導致他們離開了原有的生命軌跡，有可能就會開始反思自己的人生：傲人的學歷身世背景留下了，圓融的社交手腕也刻在骨子裡了，不善於面對本真自我的特質卻絲毫未變。儘管他們已然是成功的「社會人」，卻不一定對自己那麼熟悉，在步入了中年以後，反而還繼續於茫茫人海中努力找尋自己的模樣。

這樣的你，又該如何走出舊有的窠臼，開創新的人生格局呢？

培養主體性，確立人我界線

簡單來說，必須先分清楚「什麼是我要的」、「什麼是大家想要的」。建立主體性意味著不能再躲在人群後面，必須開始為自己的行為負責：做事情的理由應該是為了讓自己高興，而非讓其他人開心。把長久以來接收到的教誨，包含：犧牲、忍耐、包容、體諒他人等等，暫時用「箱子」裝起來，放到倉庫裡，在學會「自私」以前不要打開它。

對很多人而言，這可能是個奇怪的練習。自私不是負面的嗎？爲什麼還要練習自私呢？體諒他人不是一件好事嗎？爲何要暫時打包起來呢？

事實上，身體想的跟你心中所想的並不一樣。當你過度壓抑自我、包容別人，你就會對「未來」有越多的期待，希望今天的犧牲在未來能夠得到補償，至少得到公平的對待——**就算理性上不會，但身體與情緒會**。

隨著日子一天天過去，倘若沒有得到預期中應有的回報，那個名爲「未來」的垃圾桶總有一天會塞爆，屆時，將由毫不知情的旁人來承受你的「大暴走」，留下的是滿目瘡痍的人際關係與困惑滿載的崩潰自我，不管對事務、對別人、對自己來說，每一方都是輸家。

你可能會爲了和諧而一再忍受有毒的人際關係、爲了顧全大局而繼續接下不合理的工作量，然而，這種犧牲是所有關係的殺手，它會讓本該離開的人事物苟延殘喘，浪費彼此有限的生命。社會適應良好固然是好事，但過猶不及一樣會對身心健康帶來傷害。千萬不要在利他中忘了利己，記得先確立好人我界線，時時刻刻行走在為自己而活的道路之上。

過濾有害資訊

社會適應良好的代價之一，就是容易受到龐大的訊息轟炸。就以生小孩為例，「被成就束縛的牛」可能會閱讀海量的權威報章雜誌或媒體報導、查詢原文教科書、請益相關專家、參與懷孕準備工作坊；「被自我禁錮的貓」可能根本就不想生小孩，或直到把所需的人力物力全蒐集清楚，確定不會累壞自己後，才稍作考慮；「被群眾制約的人」要面對的則是不勝枚舉的「好心建議」，不管來自家人、親戚、遠房親戚、閨密、朋友、同學、同事，處處都是「善意」，處處都得小心安頓。

這些人容易陷入從眾性陷阱：選擇資訊時，不是比誰講得有道理，而是被說話者的官階、學問、來頭或知名度所影響，因此，這些資訊內容是否合邏輯就沒那麼重要了，選擇權威、大家都同意的那邊就對了。

然而，這其中會造成的代價就是「焦慮」。如〈第四章〉所言，能廣泛被傳遞、歷久不衰的訊息，以「警示性」居多，聽多了，很難不被影響，偏偏這群人本身又容易被其他人仿效，成爲意見領袖，再一次把警示性訊息給發送出去，造成了焦慮在社會中反覆的傳遞與自我膨脹。

練習用自己的邏輯來判斷訊息——縱使大家都那麼說，或者即使該說法是出自某大師之口。關於評價性問題，例如：「創造被動收入，及早退休，享受人生」，每個人都是站在自己的位置上來描述，別人的答案不見得適用在你身上；關於可檢驗性問題，例如：「喝到上等的咖啡反而不會影響睡眠」這類問題就可以透過蒐集資料、詢問認識的專家，加上自己的邏輯推理來做出獨立的判斷。

尋找專屬於自己的生命意義

說來有趣，這個族群的人在決定生命的意義或是各種事物的價值時，比較容易受到社會主流的影響。例如：大家都在說被動收入，他們也會說被動收入；大家都說財富自由，他們也關心財富自由；大家談同志議題，他們也談同志議題；大家談廢死，他們也關心廢死；媒體談預做退休準備，他們就開始關注以房養老；新聞談台海戰爭，他們就會蒐集外國人永久居留或移民簽證的資訊；甚至，商業市場也能透過行銷與廣告來影響他們的品味與信念，例如：流行一時的薄酒萊、現在的雪莉桶、滴雞精、冥想、瑜伽等等，不計其數。

這類族群可以透過不斷的自我提醒：「過去的我也像今天一樣，在乎這些議題，用同樣的方式思考的嗎？未來的我，又會保持此刻的想法多久？」讓自己從集體社會意識中醒來。儘管片刻後會再次回歸到社會，但這種短暫的覺醒，透過長時間反覆的練習之後，就足以產生改變的力量，讓人一步步看見真正的心之所向。

傾聽自己身體的聲音

這一類人正因爲能與社會良好地契合，也就容易繼續停留在主流價值的框架當中，難以改變。他們經常會接受所謂的心靈雞湯——乍看有意義，實則表淺、模糊、彼此矛盾的一些人生智慧；**在面臨負面事件時，不習慣去傾聽內心的聲音，而是努力想用更正面、更積極的態度去「改變」自己**，忘記自身才是衡量萬物的尺度和故事的主角。

舉個常見的例子。一位遭到職場霸凌的上班族女性，爲了努力撐下去，不停用正向的心態看待被排擠的事件，想快速從傷痛中再站起來，卻忽略了受傷的心靈最需要的反而是徹底崩潰一場、放聲大哭、找朋友訴苦。倘若她選擇如實呈現出自己受傷的模樣，可能會得到好友的關懷與支持、看清這份工作不值得她如此吞忍，承認自己不適合這樣的環境、學會投降與認輸，甚至明快地做出離職的決定，或許等到半年後，她就已經在一個體制更為健全、同事也相當友善的公司上班了。然而，若她並未從自身反應獲得任何資訊，此刻的她，可能還在原公司拚命地掙扎、努力想表現得更好、盡力想融入團體。

正面與樂觀心態就類似於心理上的類固醇，會消除人體正常的反應，長期下來，反而對我們造成更嚴重的傷害。有這樣習慣的人，可以試著回到主觀的世界，傾聽自己的聲音，以做出更有效率的反應。記住，有時候，哭不是為了解決問題，遇到困難時，不妨先放下防備，讓你可以面對當下最真實的情緒。

—結語—

脫離他人眼光的桎梏，破繭而出

「有人問過我要什麼嗎？」一位年輕男性說。

「爸媽爲了一圓自己的幸福家庭夢，就把我帶來這個世界，還要我感謝他們的養育之恩。結果婚姻破碎，一個慣性外遇，一個聲稱爲了我打死不離婚，天天吵吵鬧鬧，如果他們問過我，我的答案會是：『我根本不想被你們生出來，更不想來到這個世界。』」

「不要什麼都推到我頭上，說是爲我好。」一個小女孩說起父母，「要承認自己年輕時沒勇氣拋下一切出國留學、環遊世界很難嗎？新聞那麼多成功案例，自己卻老是牽拖東、牽拖西，說穿了就是既想追求夢想又沒安全感。說實在的，他們在國內也已經很有成就了，一個開了一家公司，一個當了大公司的高階主管，都應該爲自己感到高興才對，怎麼滿腦子全是遺憾，好像覺得自己沒有喝過洋墨水很丟臉，所以硬是把夢想強加在我身上，期待我幫忙實現，再來跟我討功勞，淨說那些『從小讓妳念私校，高中就出國，不知感恩惜福就算了，這麼不知進取，小心將來被社會淘汰』──奇怪？我們的時代差距這麼大，你們連我在講的話都聽不懂，怎麼有把握預測未來會發生什麼？」

女孩的言詞固然刻薄，卻也隱含明代大哲方孝儒在《深慮論》中的深意「……常圖其所難，而忽其所易；備其所可畏，而遺其所不疑……」原文是分析歷代君王的心理，但用在現代努力一生、尋求傳承的父母倒也貼切：

你所在乎的，都是你經歷過的，而問題總是發生在你想不到的地方——長輩們倘若連年輕人此刻的煩憂都無法理解，又如何爲他們防範未然呢？

不管任何世代，大家都有自己的人生課題

事實上，富足一代所面對的痛苦與煩惱，必然是上一代（辛勤一代）難以理解的，因爲時空背景不一樣，角色關係與社會期待也截然不同。有趣的是，正因爲無法理解，上一代才有堅強的意志克服萬難、衝破難關，在各個角落奮鬥，忍受各種困境、在多次金融海嘯與詭譎多變的國際局勢，頑強地支撐到現在。

然而，經過這麼多年，世界已有了天翻地覆的變化，許許多多舊有的痛苦與煩惱不再，卻有新的痛苦與煩惱從潘朵拉的盒子中降臨到這個世界。

富足一代與辛勤一代都應該深切明白，等待「誰來先同理自己」是不切

實際的，孩子難以體會父母輩當年爲了養家而省吃儉用，今日的父母也不一定能理解孩子被迫學了各式各樣才藝的複雜心緒。時空背景已然改變，缺少了關鍵的經驗，跨代的同理既難且深，也非那麼迫切與絕對。

給身為富足一代的你

每一代人的功課終究要自己來解決。不管是哪個世代，無論是烏江畔的項羽、法國大革命剛爆發時的路易十六、剛畢業找不到教職的愛因斯坦、前往本能寺途中的織田信長都一樣，沒有人知道自己爲什麼會被生在那個年代、在那樣的時空背景下成長、會面對怎樣的人生際遇，但大家都必須做出抉擇：是戰？是和？該逞英雄？要繼續堅持？擺爛放棄？或乾脆遠走他鄉？在生命的路途上，每個人都得爲自己的人生寫下一個篇章——就算全部留白，也是一種選擇。至於結局是福是禍，是幸是悲，就不是我們能決定的了。

本書爬梳了富足一代的痛苦與煩惱，並不是爲了要求辛勤一代給予更多物質上的援助或心理上的寬容，更不是「討拍」、尋求安慰；而是希望富足一代能深刻明白，**自己也有痛苦與煩惱的權利**，你可以焦慮，可以悲傷，可以崩潰，可以選擇倒地躺平，哀嚎打滾，然後站起來或倒下，跟上一輩一樣，勇敢地承擔起自己的命運——就像辛勤一代能在沒有人關心、沒有人理解之下，在這片土地上耕耘茁壯；富足一代同樣能夠在不需要別人理解的狀態下，綻放出另一種形式的文明，只是人不同、方法不同，而這個世界也將因此發展出全新且超乎想像的風貌。

給身為辛勤一代的你

儘管辛勤一代可能是最積極賣命、社會參與度最高的父母，但這也讓富足一代對長輩懷抱著矛盾的心情：一方面既想得到支援（沒資源的話也會有怨懟），另一方面又不願受制於得到資源後所要背負的責任、期待、甚或是傷害。

但是，辛勤一代不必試圖解開這個矛盾。身爲父母，比「給予」更重要的是**「支持、信任與欣賞下一代的決策與表現」**，這比單純無限度的給予還要重要。就算孩子們不懂社會的遊戲規則、人情世故，或是眼高手低，畫了一個自己根本做不到的大餅；父母只需要在「可控的災害範圍內」支持其發展即可。倘若成功，衷心地肯定他；如果失敗，也不必過度說教，更無須出手相救，讓社會系統充分發揮其磨練的效果就好。

辛勤一代另有更重要的使命：學習做自己，把快樂建立在自己的生活、交友圈、聚會活動之上，而不是對孩子說一句「只要你們快樂，我也會快樂」——講出這樣的話，豈不是把快樂的義務推給下一代來履行嗎？

身教重於言教，倘若父母除了工作以外，沒有朋友，不知道怎麼獨處，不知道如何做自己，不曉得怎麼尋找生活的樂趣，那麼，孩子大了之後，一樣不知道一個人該怎麼獨處，不確定該怎麼做自己，也不曉得如何找到活著的意義——相信這也不是爲人父母所樂見的。

對於現在年紀大約四十到七十歲之間的辛勤一代而言，大部分都還能維持不錯的思考力、判斷力、記憶力與學習能力，有很多給熟年世代的書籍或文章可供自修——比起整天嘮叨子女「不成才」、「好逸惡勞」、「身在福中不知福」，還不如更有效率地吸收新知、繼續自我成長，學習如何快樂地走向人生的下半場，享受自己辛勤努力的成果。有快樂的父母，就是孩子最大的幸福，也能成爲他們終身學習的榜樣。

其實，富足一代向上一代索求的並不多，說穿了，不過是無條件的支持、被尊重、被肯定與被欣賞而已。過去已經成爲過去，即便有傷害，也已經留下傷疤，在時機未成熟前，或許無法深談，彼此難以交流，但是，至少可以不要再揭人傷疤。必要的提醒，已寫在本書的〈第四章〉與〈第五章〉，不管是富足一代還是辛勤一代，都同樣適用。

最後要記得，**任何痛苦都是無法被比較的**，人的痛苦並不會因爲有其他人比他們更痛苦就消失，所以不需要向與你不同世代的孩子們講述自己當年比他們更辛苦或更努力。

富足一代即便擁有更多，依然有資格感覺到痛苦與煩惱，不必自我譴責不知足，同時明白自己跟人類史上的任何一代人一樣，有著同樣強烈卻不同的煩惱與痛苦，你得做出屬於你的抉擇與行動。而辛勤一代呢？儘管無法完全同理，只要好好地傾聽富足一代的聲音，分享他們的喜悅，不要急著想指導他們，而是相信他們、給予祝福，且專注於追尋屬於自己的人生、快樂、朋友、嗜好與生活，這樣就已經足夠了。

理當幸福的我們，為何不快樂？

作　者　陳俊欽

責任編輯　李雅蓁 Maki Lee
責任行銷　朱韻淑 Vina Ju
封面裝幀　謝捲子 Makoto Hsieh
版面構成　黃靖芳 Jing Huang
校　對　葉怡慧 Carol Yeh

發行人　林隆奮 Frank Lin
社　長　蘇國林 Green Su

總編輯　葉怡慧 Carol Yeh
主　編　鄭世佳 Josephine Cheng
行銷經理　朱韻淑 Vina Ju
業務處長　吳宗庭 Tim Wu
業務專員　鍾依娟 Irina Chung
　　　　　李沛容 Roxy Lee
業務秘書　陳曉琪 Angel Chen
　　　　　莊皓雯 Gia Chuang

發行公司　悅知文化　精誠資訊股份有限公司
地　址　105台北市松山區復興北路99號12樓
專　線　(02) 2719-8811
傳　真　(02) 2719-7980
網　址　http://www.delightpress.com.tw
客服信箱　cs@delightpress.com.tw
ISBN　978-626-7406-78-6
建議售價　新台幣３９０元
首版一刷　２０２４年６月

國家圖書館出版品預行編目資料

理當幸福的我們，為何不快樂？／陳俊欽著. -- 一版. -- 臺北市：悅知文化精誠資訊股份有限公司，2024.06
272面；14.8×21公分
ISBN 978-626-7406-78-6(平裝)
1.CST: 人生哲學 2.CST: 生活指導
191.9　　113007135

建議分類｜心理勵志